考古学リーダー11

野川流域の旧石器時代

「野川流域の旧石器時代」フォーラム記録集刊行委員会 監修
(調布市教育委員会・三鷹市教育委員会・明治大学校地内遺跡調査団)

明治大学校地内遺跡調査団 編

六一書房

刊行にあたって

　本書は、2006年7月15・16日に行なわれた、『「野川流域の旧石器時代」フォーラム－明治大学調布付属校用地の遺跡調査から－』の記録集です。2008年4月、明治大学は、付属明治高等学校・明治中学校を緑豊かな武蔵野、調布・三鷹両市にまたがる地に移転します。その計画推進の過程で、当該用地が後期旧石器時代から近・現代に至る遺跡であり、とくに後期旧石器時代については予想をはるかに超える規模であることが明らかになりました。そして2004年度以降、明治大学校地内遺跡調査団による発掘調査を行なってきました。発掘調査の実施にあたっては調布・三鷹両市の教育委員会と協議を重ねてきましたが、その中で、調査の経過・成果の地元住民への還元が要請されました。明治大学としても、これを当然の負託として受け止めました。そして、調布市教育委員会・三鷹市教育委員会・明治大学校地内遺跡調査団3者の主催によるフォーラムを実施することになりました。

　同時に、考古学だけでなく広く関連諸科学と連携した調査の実施も課題でした。野川流域は後期旧石器時代の「遺跡銀座」であり、長い調査の歴史を有しています。その中で、多くの専門研究者に参集いただき総合調査を進めてきました。公開シンポジウムはその成果の一端に触れるものであります。野川流域には、後期旧石器時代の初頭から3万年以上にわたる人びとの生活、自然とのかかわりあいの歴史が埋もれています。本書が、考古学・地理学・地質学など幅広い分野にわたる研究テーマの宝庫ともいえるこの地域の、人類史・自然史を解き明かすための手がかりとなれば幸いです。

　なお、講演会、公開シンポジウムで講演、基調報告をいただいた諸氏、およびフォーラムの企画・実行に尽力された関係各位には、あらためて感謝の意を表したいと思います。ありがとうございました。

　　　　　　　　　　　　　　　明治大学文学部教授
　　　　　　　　　　　　　　　明治大学校地内遺跡調査団団長　　安蒜政雄

例　言

1. 本書は、2006年7月15・16日に行なわれた、『「野川流域の旧石器時代」フォーラム－明治大学調布付属校用地の遺跡調査から－』のうち、講演会、公開シンポジウムの記録集である。
2. フォーラムは、調布市教育委員会、三鷹市教育委員会、明治大学校地内遺跡調査団が主催し、日本旧石器学会、関東第四紀研究会の後援を得た。
3. 本書は、主催3者による「野川流域の旧石器時代」フォーラム記録集刊行委員会（代表・安蒜政雄　明治大学校地内遺跡調査団団長）の監修の下、明治大学校地内遺跡調査団が編集にあたった。
4. 本書の編集作業は野口　淳が担当し、新井　悟、藤田健一、山岡拓也、高木景子の協力を得た。なお、第1部、第3部については当日の記録をもとに編集し、各講師、発言者に校正していただいた。第2部については、各発表者により発表要旨および当日の発表内容をもとに新たな原稿を書き下ろしていただいた。
5. 明治大学付属明治高等学校・明治中学校建設予定地に所在する遺跡について、フォーラムの開催時には「明治大学付属校用地の遺跡」と仮称していたが、その後、2007年4月付けで下原・富士見町遺跡の正式名称が定まった。このため本書中では、当該遺跡名称をすべて下原・富士見町遺跡で統一した。

目　次

刊行にあたって

第1部　講演会記録
「旧石器時代の研究－野川から日本、そして世界へ－」
「月見野・野川」の画期と日本列島の旧石器時代研究‥鈴木次郎　8
旧石器時代の日本列島と東アジア……………安蒜政雄　22
〈コメント〉………………………………………小田静夫　31

第2部　公開シンポジウム基調報告
1. 野川流域の旧石器時代遺跡　－最近の立川面における調査から－
下原・富士見町遺跡における石器群と遺跡の変遷……藤田健一　36
調布市野水遺跡第1地点の調査……………………小池　聡　48
2. 野川・多摩川中流域の地形・古環境
多摩川水系発達史異説　－武蔵野変動仮説・古東京湖仮説から－
………………………………………………………上杉　陽　66
多摩川の流路変遷と野川・多摩川間の地形の変遷……久保純子　75
下原・富士見町遺跡の立川礫層………………………中井　均　85
3. 旧石器人の生活空間－遺跡分布から分かること－
野川流域の旧石器時代遺跡の分布と変遷……………下原裕司　98
立川面の旧石器時代遺跡　－その分布と古地形－……中山真治　117
武蔵野台地北部の旧石器時代遺跡…………………加藤秀之　132

第3部　公開シンポジウム総合討論記録
「野川流域の旧石器時代－地形・環境の変遷と人びとの生活－」
………………………………………………………………149

おわりに …………………………………………………171

「野川流域の旧石器時代」フォーラム　プログラム

プログラム1　遺跡発掘調査現地説明会
　　日時：2006（平成18）年7月15日（土）　10:00～11:30
　　会場：明治大学調布付属校用地

プログラム2　講演会「旧石器時代の研究－野川から日本、そして世界へ」
　　日時：平成18年（2006年）7月15日（土）　13:30～16:00
　　会場：調布市グリーンホール小ホール
　　調査報告「明治大学調布付属校用地の旧石器時代遺跡」‥‥‥野口　淳
　　一般講演1「月見野・野川」の画期と日本列島の旧石器時代研究」
　　　　　　　‥‥‥‥‥‥‥‥‥‥‥‥‥‥‥‥‥‥‥‥‥‥鈴木次郎
　　一般講演2「旧石器時代の日本列島と東アジア」‥‥‥‥‥‥安蒜政雄

プログラム3　公開シンポジウム
　　「野川流域の旧石器時代－地形・環境の変遷と人びとの生活－」
　　日時：平成18年（2006年）7月16日（日）　10:00～16:15
　　会場：調布市文化会館たづくり
　　基調報告1「明治大学調布付属校用地における石器群と遺跡の変遷」
　　　　　　　‥‥‥‥‥‥‥‥‥‥‥‥‥‥‥‥‥‥‥‥‥‥藤田健一
　　基調報告2「調布市野水遺跡第1地点の調査」‥‥‥‥‥‥‥小池　聡
　　基調報告3「南関東の古地理の変遷に関する異説」‥‥‥‥‥上杉　陽
　　基調報告4「多摩川の流路変遷と野川・多摩川間の地形の変遷
　　　　　　　　－立川段丘の区分に関連して－」‥‥‥‥久保純子
　　基調報告5「明治大学調布付属校用地の立川礫層」‥‥‥‥‥中井　均
　　基調報告6「野川流域の旧石器時代遺跡の分布と変遷」‥‥‥下原裕司
　　基調報告7「立川面の旧石器時代遺跡－その分布と内容の変遷－」
　　　　　　　‥‥‥‥‥‥‥‥‥‥‥‥‥‥‥‥‥‥‥‥‥‥中山真治
　　基調報告8「武蔵野台地北部の旧石器時代遺跡」‥‥‥‥‥‥加藤秀之

総合討論「野川流域の旧石器時代－地形・環境の変遷と人びとの生活－」

講演会講師・シンポジウム基調報告・会場発言者

鈴木　次郎　㈶かながわ考古学財団調査課長
安蒜　政雄　明治大学文学部教授・明治大学校地内遺跡調査団団長
藤田　健一　明治大学校地内遺跡調査団
小池　聡　㈱盤古堂
上杉　陽　都留文科大学名誉教授
久保　純子　早稲田大学教育学部教授
中井　均　都留文科大学准教授
下原　裕司　三鷹市教育委員会
中山　真治　府中市教育委員会
加藤　秀之　富士見市教育委員会

・

上本進二　神奈川災害史研究会
細野　衛　東京自然史研究機構
伊藤　健　東京都埋蔵文化財センター
宇津川　徹　ウテナ研究所
竹迫　紘　明治大学文学部教授
羽鳥　謙三　共愛学園短期大学名誉教授
生田　周治　調布市教育委員会

・

野口　淳　明治大学校地内遺跡調査団
矢島　國雄　明治大学文学部教授

第1部　講演会記録

「旧石器時代の研究－野川から日本、そして世界へ－」

講演会会場　2006年7月15日

第 1 部　講演会記録「旧石器時代の研究－野川から日本、そして世界へ－」

「月見野・野川」の画期と日本列島の旧石器時代研究
―1960 年代後半～ 70 年代前半の旧石器時代研究を振り返る―

鈴木次郎

はじめに

　今回、明治大学校地内遺跡調査団から、野川遺跡と月見野遺跡群について話しをしてもらえないだろうかと依頼を受けました。私は、学生時代から今日まで、月見野遺跡群の調査をはじめ、神奈川県の相模野台地を中心に調査・研究を行ってまいりました。野川遺跡は、本日の話題の中心となっております明治大学付属校用地の遺跡（仮称）から北西に 2km 離れたところにある、同じ立川段丘上に立地する遺跡であります。私は、野川遺跡については、調査中に見学させていただいたことはありますが、実際に調査に参加したわけではありません。このため、第三者的な立場からみた野川遺跡の研究の状況について、また、私も関わりをもった月見野遺跡群の研究の状況について、そして、野川・月見野以前のそれまでの研究の状況がどうだったのか、野川・月見野以後はその調査成果を踏まえてどのように研究が変わってきたのか、ということをお話しさせていただきたいと思います。

　最初に、1960 年代前半までの旧石器時代の研究状況についてお話ししてから、野川遺跡の調査、月見野遺跡群の調査、それ以降の研究状況について、順番に話していきたいと思います。

1.　1960 年代まで：月見野・野川以前

　日本の旧石器時代の調査あるいは研究は、1949 年に行われた群馬県岩宿遺跡の調査を最初とすることは、皆さんよくご存知のことかと思います。もちろん第二次世界大戦以前にも、旧石器時代遺跡の探索あるいは外国の研究の紹介などはありましたが、国内で本格的に旧石器時代の研究がはじまったのは、この岩宿遺跡の発見と調査の後だと思います。岩宿遺跡は 1949 年に調査が行われましたが、その 2 年後には、東京都板橋区の茂呂遺跡の調査

が行われます。さらに長野県では諏訪市の茶臼山遺跡の調査や上ノ平遺跡の調査などが行われ、1954年には岩宿遺跡のすぐ近くにあります群馬県の武井遺跡の調査が行われます。岩宿遺跡が発見され、次々と同じような遺跡があちらにもこちらにもあるということで調査が行われました。

鈴木次郎氏

　岩宿遺跡の調査後4・5年経ちますと、いくつかの遺跡の調査が行われたことによって、石器群の編年体系化、つまりどのような石器からどのように石器が変わっていったのか、あるいは遺跡単位でみますと、どの遺跡が古くて、どの遺跡が新しいのかということ、これを考古学では編年と呼んでおりますが、そういった編年の研究が始められます。

　その代表的なものとして、当時、旧石器時代の研究を中心的に推進されていた杉原荘介先生が1953年に発表された論文があり、岩宿文化、茂呂文化、上ノ平文化、と石器文化が交代したという編年が提示されます。もうひとつは、杉原先生と一緒に岩宿遺跡の調査にも関わっていた芹沢長介先生の編年が1954年に発表されます。これは、まずハンドアックスを伴うもの、これは岩宿遺跡の下層の文化で、現在ではその下層と同じ地層から石斧が出土するということはごく常識的になっておりますが、当時はヨーロッパの旧石器時代のハンドアックス、前期旧石器あるいは中期旧石器といわれる時代の系譜をひく可能性があるということで、それを一番古く位置付けました。そのあとに大型ブレイドまたは縦長剥片を伴うものとして、これは長野県の野尻湖周辺の遺跡を標識として位置づけています。それから茂呂遺跡等でみつかったナイフ形石器を伴うもの。そして岩宿遺跡の上層の文化層から出土した切出形石器という石器があるのですが、こういった石器に代わる。そのあと最後に武井遺跡、あるいは上ノ平遺跡や馬場平遺跡からみつかった槍先

形尖頭器、それをポイントと呼んでいましたが、ポイントを伴うもの、という編年案が提示されました。1960年代までは、こういった編年が主流となってくるわけです。

　一方、遺跡の遺物分布とか集落研究という面ではどうかといいますと、岩宿遺跡の2年後に調査された東京都の茂呂遺跡では、トレンチといって溝状の調査区を掘っただけのものなのですが、その中でA群・B群という2箇所の石器が集中して出土するまとまりを確認しました。まずこれが最初の嚆矢です。その後、石器の分布を中心に議論されるようになるのは、1958年に芹沢先生たちが調査を行った新潟県津南町の神山遺跡でありまして、ここでもAトレンチ・Bトレンチという2本のトレンチ調査ですが、その中にA1、A2、Bという3群の石器の集中部を確認しております。ここでは、直径3～4mほどの範囲に石器が集中的に出土することを確認して、それぞれのまとまりごとの石器の種類、組み合わせ、あるいは石材などを比較したわけです。その3群については、縄文時代の竪穴住居のような明確な掘り込みはなく、囲炉裏もなく、床と思われる固い面もないのですが、直径3～4mの円形の規模から住居に関連したものだろうと理解されました。このような状況が1960年代前半までの旧石器時代の遺跡観といいますか、遺跡を理解する中心的な考え方でありました。

　岩宿遺跡の調査後15年ほど経過してから、『日本の考古学』という体系書が河出書房新社から刊行されました。それまでも体系書は刊行されており、1956年には、同じ河出書房から『日本考古学講座』が刊行されたのですが、この中では通史編の一番古い冊子は縄文文化でした。この冊子の巻頭に「縄文文化以前の石器文化」として旧石器時代の内容が紹介されていたわけです。ところが、その後、全国的に調査が行われて、1965年の『日本の考古学』では、第1巻が先土器時代、現在でもこのように呼んでいる研究者もおりますが、旧石器時代と同じと考えて結構です、これがはじめて一冊の本として刊行されました。この本は、巻末に当時の研究状況を示すものとして、北海道から九州にいたる合計359遺跡の地名表を掲載しており、また岩宿遺跡の調査以降この本が刊行されるまでの15年の間の遺跡の調査報告書や研

究論文などの文献一覧を収録した、いわばデータベースの役割を果たし非常に注目された本です。この本では、編集者の杉原荘介先生の編年観にそって敲打器文化、刃器文化、尖頭器文化、細石器文化という4つの文化の変遷があったという考え方にもとづいて、全国各地の研究者によって体系づけられ、報告されたわけです。ところが、北海道から九州まで非常に豊富な資料が発見されておりまして、この杉原先生の編年観になかなか当てはめることができない石器群もでてきました。この本ができたことによって、逆に、敲打器、ナイフ形石器、尖頭器、細石器といった示準石器の交代による編年では通用しないという研究上の問題点が明らかになった、といえます。

　1960年代後半になると、当時の若い研究者を中心に石器群の新たな研究の方法が模索され、発表されます。これらはいずれも、さきほどお話ししたような示準石器の交代による編年研究の問題を克服しようとした試みです。

　2・3ご紹介しますと、まず加藤晋平先生が1969年に提唱された常呂パターンというものがあります。北海道のオホーツク海に注ぐ常呂川という河川がありますが、その流域に旧石器時代の遺跡が多く分布しており、その遺跡群の調査の中で、具体的にいいますと中本遺跡の発掘調査を行ったところ、多量の掻器（エンドスクレイパー）という石器、これは動物の皮をなめすときに使った道具といわれる石器ですが、この石器が多量に出土しました。従来の考え方でいくと、石器の特徴によってどの時代になるのか、要するに石器の古い、新しい、という考え方で石器群を位置づけることを第一に考えていたのですが、ここでは、この遺跡の特徴は皮なめし作業を中心に行った生活の場所だからこのような石器を多量に残したと考えたわけです。遺跡の内容あるいは石器群の内容を単純に古い新しいで位置づけるのではなく、石器の種類あるいは内容から、その遺跡でどのような生活を行ったのかという視点を提示したわけです。編年とは少し違った視点であり、こうした視点のなかで編年を行っていくべきだという主張です。

　同じ編年研究の中で、佐藤達夫先生が1969年に発表された論文では、ナイフ形石器という石器の系統的な編年研究があります。これは瀬戸内地方から近畿地方に分布するナイフ形石器は、その特徴によって国府型、宮田山型、

井島型などの型式名がついており、その順番に石器が交代したという考え方がありました。これを検討した結果、古いとされた石器は下層から、新しいとされた石器は上層から出土し、この編年の新旧観は正しいものだということで、これをもとに、古い国府型のような石器の製作技術が九州あるいは関東、東北にも広がっていたことから、系統的にナイフ形石器の編年研究ができるのではないかという提言がありました。

　それからもうひとつ、これは明治大学の戸沢充則先生が行った埼玉県砂川遺跡の調査とその報告（1968年）をあげることができます。砂川遺跡の報告では、現在ではごく当たり前の分析方法なのですが、遺跡から出土したすべての石器について、原石の母岩ごとに石器の特徴を見極めて分類し、これを個体別資料と呼んでおりますが、そのうえで石器の接合を試みたわけです。石器を接合するということは、石器を作るときには石核から打ち割るわけですので、その打ち割った石器を元の状態に戻す作業を行うことになり、その接合状態を観察することによって石器の製作技術を復原的に理解するということになります。このような新しい画期的な方法を開拓したわけです。

　また、砂川遺跡では直径3〜4mほどの石器の集中箇所が3箇所みつかりましたが、この母岩によって個体別に分けた石器の分布状態をみると、当然といえば当然なのですが、石器を作ったと思われる場所では集中して石のかけらが飛び散っているわけです。そして、そこで作られたナイフ形石器や石刃などの道具は、その集中から離れて分布していることがあると指摘されました。このように、石器を個体別に分け、各個体の石器の分布から旧石器時代の遺跡の内容、あるいは遺跡の構造を復原できるのではないかということを提言したのが、砂川遺跡の調査でした。

　月見野遺跡群と野川遺跡の調査が行われたのは、1968年から71年にかけてですので、まさにこういった新しい研究の方法を模索していた時期と重なるわけです。さきほどの佐藤達夫先生の新たな編年研究においても、さきに調査された月見野遺跡群の成果も取り入れて発表されております。ですから、ちょうど、同じ時期に調査が行われたということです。

「月見野・野川」の画期と日本列島の旧石器時代研究

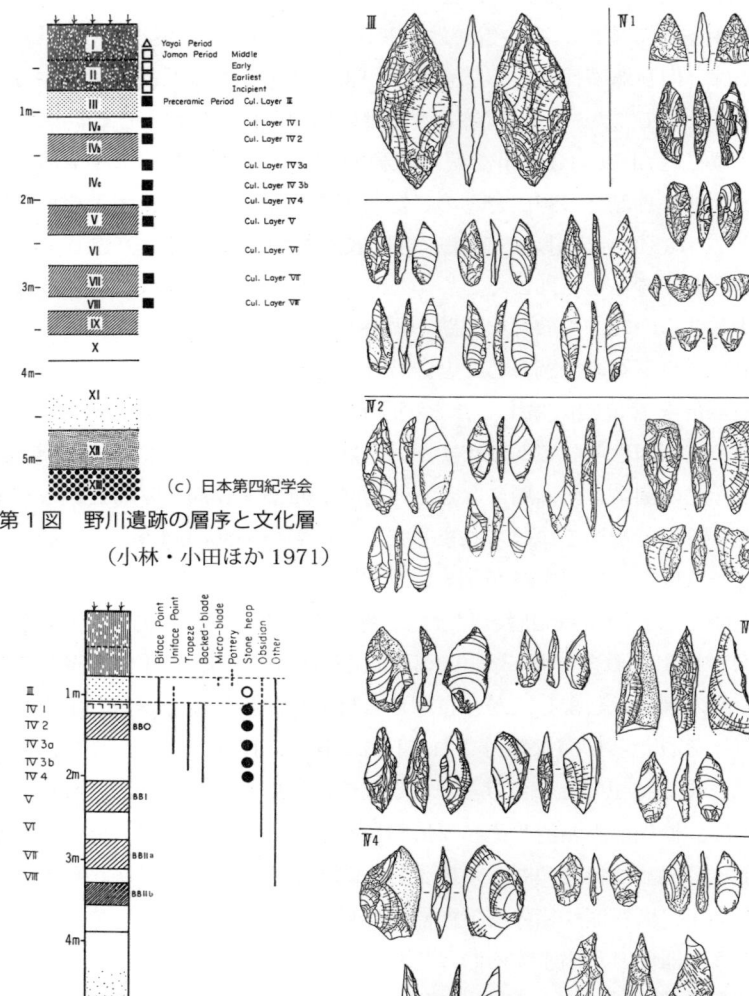

第1図　野川遺跡の層序と文化層
（小林・小田ほか 1971）

第2図　野川遺跡の層序と主要石器
の消長（小林・小田ほか 1971）

第3図　野川遺跡第IV_1～IV_4文化層の石器
（野川遺跡調査会 1971）

13

2. 野川遺跡、月見野遺跡群の調査と研究

　まず野川遺跡ですが、この遺跡は 1969 年と 1971 年に調査されました。それまでは、旧石器時代遺跡の調査といいますと、それほど広範囲に掘ることはなかったのですが、野川遺跡の調査は、河川改修で遺跡が広範囲になくなるということから、1000㎡を超える範囲について立川ローム層全体を調査しました。さきほどの野口さんのご紹介でもわかるように、明大校地では一桁大きい 10000㎡を超える範囲を立川礫層まで調査しておりまして、現在の調査のあり方としてはごくごく当たり前なのですが、実はこのような調査の方法というのは、この野川遺跡の調査がはじめてでした。立川ローム層の一番上層から下層まで調査したということは、立川ローム層の層序区分を行って石器群を層位的に検出したということになります。第 1 図に野川遺跡の地層の柱状図を示してありますが、Ⅰ層が表土、Ⅱ層が縄文時代の層で、Ⅲ層から赤土の関東ローム層になるわけです。Ⅲ層・Ⅳ層・Ⅴ層といった地層の名称も野川で初めてつけられました。この野川遺跡の調査での地層の名称のつけ方は現在まで引き継がれています。

　野川遺跡ではⅢ層からⅧ層と呼ばれる地層まで石器が出土し、合計 12 枚の文化層が検出されました。第 3 図には、Ⅲ層からⅣ層の各文化層から出土した石器の図を示しましたが、Ⅲ層からは大形の尖頭器と礫器が出土しております。それからⅣ層は細分されてⅣ 1、Ⅳ 2、Ⅳ 3、Ⅳ 4 となり、さらにⅣ 3 は、Ⅳ 3a、Ⅳ 3b に分けられ、5 枚の文化層があります。これらの文化層からは、槍先形尖頭器やナイフ形石器が出土しております。その内容も各層によって違った特徴のものが出土しております。さらにⅤ層から下層になると、ナイフ形石器や槍先形尖頭器は発見されず、大形の剥片やスクレイパーという石器などが出土するわけです。

　野川遺跡を調査された小田静夫さんは、野川遺跡の内容から野川編年というものを提示されました。これは、ナイフ形石器が発見されないⅤ層から下層を野川Ⅰ期、それからⅣ層、これは 5 枚の文化層に細かく分けられましたが、ナイフ形石器と槍先形尖頭器を中心とする文化層で、これを野川Ⅱ期、ナイフ形石器がなく槍先形尖頭器と礫器が出土したⅢ層を野川Ⅲ期と位

「月見野・野川」の画期と日本列島の旧石器時代研究

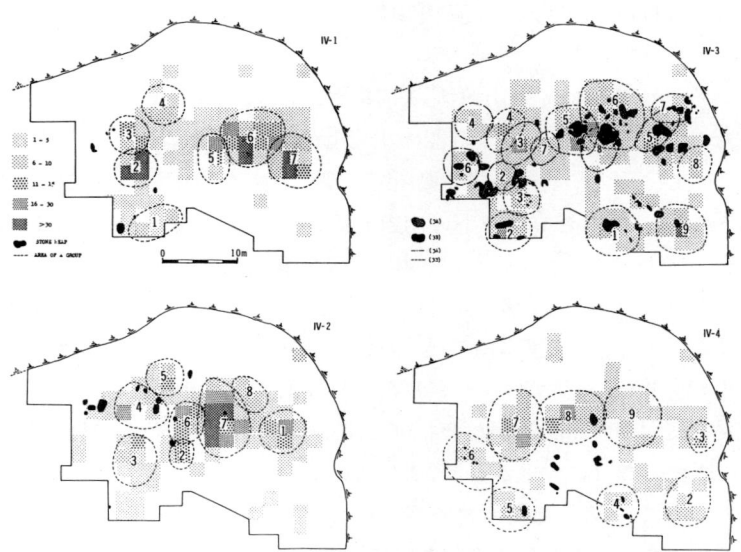

第4図　野川遺跡各文化層の石器の数量分布と生活区域（野川遺跡調査会 1971）

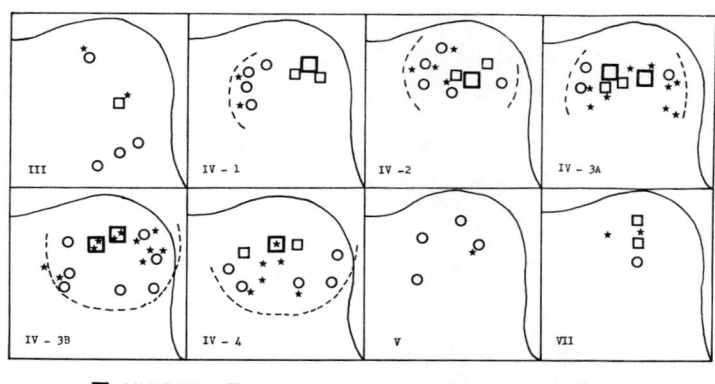

第5図　野川遺跡各文化層の居住空間利用の変遷概念図（野川遺跡調査会 1971）

置づけました。これをもとに周辺遺跡の調査成果を加えて武蔵野編年というものがつくられるのですが、武蔵野編年の原型といえるものが、野川遺跡の調査でつくられました。

　それからもうひとつ、野川遺跡の特徴としては、1000㎡をこえる範囲を調査したことです。第4図に石器の出土した分布図を示してありますが、番号がついているのが石器の集中箇所で、調査された小田静夫さんはこれをユニットと呼んで、このユニットの内容を細かく調べたわけです。第4図は、Ⅳ層の細分された文化層ごとの遺物の分布と礫群の位置を表示したものです。この遺物の分布の解釈にあたっては、遺物の分布状況と礫群との関係を総合的にとらえて、当時の遺跡でどのような生活の行為を行ったのか、これをセトルメント・アーケオロジーと呼んでおりますが、そういった考え方で、野川遺跡の石器の分布を解釈したわけです。具体的には、石器の種類が豊富で多量に出土したユニットがA型、これはいろいろな行動がそこで行われて、長期にわたって生活した場所だろうと捉えました。一方B型は、石器の種類が単純で少なく、これは限られた特定の行動と関係したものだろう、あるいは比較的短期間の生活を行った場所だろうと位置づけたわけです。それから、C型、D型、あるいはE型というのは、特殊な石器だけが出土したところで、それぞれ石核や剥片だけが出土したところは、石器製作作業を中心に行った場所である。それから磨石あるいは叩き石といって、植物性の食料を加工した道具が出土した場所は、そのような調理的な加工を行った場所であろう、と捉える。こういう方法を導入して遺跡を理解したわけです。

　各ユニットの内容から、ユニットを中核的な行動を行ったもの（A型）と、周辺的な行動を行ったもの（B型）、あるいは特定的な行動を行ったもの（C型～E型）とわけて、そうしたユニットの分布状況と礫群との関係を検討して、各文化層でどのような生活が繰り広げられたのかを推定したわけです（第5図）。こうした研究方法も野川遺跡の調査成果といえると思います。

　一方、月見野遺跡群の調査を簡単にご紹介しますと、月見野遺跡群は、野川遺跡の発掘調査の前年にあたる1968年と69年に調査されております。月見野遺跡群の調査の後、野川遺跡が調査されたということになるのですが、

遺跡の状況が野川遺跡と大きく違いましたので調査の内容も少し異なっています。といいますのは、遺跡の状況といいますか、遺跡に堆積しているローム層の厚さが大きく異なります。さきほど野口さんがご説明されたように、関東ローム層は大半が富士山から飛んできた火山灰が風化してできた土壌です。ですから、富士山に近い相模野台地では、野川遺跡に比べて2倍の厚さをもつローム層が堆積しているわけです。ひとつの遺跡で立川ローム層を上から下まで掘るということは、さきほど武蔵野台地では2.5～3mといいましたが、相模野台地では5～7mまで掘らないと立川ローム層が抜けないという状況です。

　月見野遺跡群が発見された当時は、土地区画整理事業という大規模な宅地開発が行われていました。月見野遺跡群は目黒川という川の両岸に遺跡があるのですが、そこが雛壇状に造成されていた時に遺跡がみつかったわけです。そういった状況から遺跡の各地点によって違った地層の調査ができたわけです。つまり少ない労力でいろいろな地層が調査できたということです。

　相模野台地の場合、風化したローム層をL1層からL5層と順番に地層の名称として呼んでおります。それに対して黒色帯は、B1層からB5層とやはり順番に呼んでおります。このような月見野遺跡群での地層の呼び方が、現在の相模野台地の旧石器時代の調査に共通して使われているわけです。こういった点でも野川遺跡と同じ位置づけがされると思われます。

　第6図に、月見野遺跡群の地層の柱状図を示しました。その中の横に点線で示したのが礫群の位置であり、右側に縦に棒を引いてある範囲が、石器が出土した地層の範囲です。そうしますと、L1層～B1層にかけて調査した遺跡が非常に多く、それぞれ同じ地層を掘っても、石器の内容や組み合わせ、あるいは石材が必ずしも同じではないということが明らかにされました。

　第7図には、月見野遺跡群の遺跡分布図を示しました。月見野遺跡群では、目黒川という谷幅が200mくらいの小さな川の両岸に、南北2kmの間に20箇所の遺跡がみつかったわけです。そして、そのうちの4遺跡、12地点の調査を行いました。第8図には、月見野第Ⅰ遺跡、月見野第ⅢA遺跡、月見野第Ⅱ遺跡、月見野第ⅣA遺跡の出土石器の図を示しましたが、この

第 1 部　講演会記録「旧石器時代の研究－野川から日本、そして世界へ－」

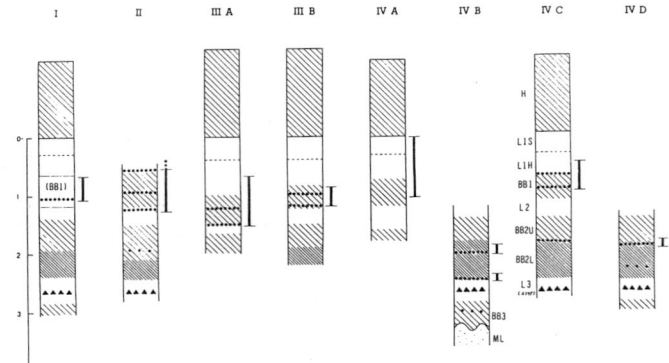

第 6 図　月見野遺跡群各遺跡の層序柱状図
（明治大学考古学研究室・月見野遺跡群調査団 1969）

第 7 図　月見野遺跡群の地形と
　　　　遺跡立地（鈴木 1989）
　1. 第Ⅳ遺跡　2. 第Ⅲ遺跡
　3. 第Ⅱ遺跡、7. 第Ⅰ遺跡

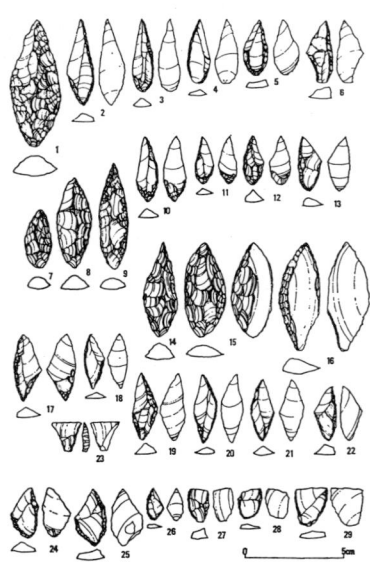

第 8 図　月見野遺跡群出土の石器
（戸沢・安蒜 1983）
1~6 第Ⅰ遺跡、7~13 第ⅢA遺跡下層、14~23 第Ⅱ遺跡、24~29 第ⅣA遺跡中層、1・7~9・14~16 槍先形尖頭器、2-6・10~13・17~29 ナイフ形石器

ように同じナイフ形石器であっても、その特徴が遺跡によって少し異なり、石材も違います。第Ⅰ遺跡と第Ⅱ遺跡は、B1層という同じ地層から出土しましたが、その石器の石材や特徴がかなり違う。このように、単純に石器の編年が行えないことが明らかになったわけです。

　また、遺物の分布状況をみますと、第9図は、月見野遺跡群の中で一番広範囲に調査した月見野第ⅢC遺跡の石器の出土した位置を図面上に落としたものです。月見野遺跡群では、こうした石器が集中して出土した場所をブロックと呼んでおりました。こういったブロックは当然、石器製作作業を行ったり、あるいは石器製作以外の生活を行ってそこに石器を残した場所ですが、このブロックの内容についても、砂川遺跡で行った分析の方法が用いられました。原石の個体ごとに分類した個体別資料がブロック単位でどのように分布しているかということを示したものが表1になります。たとえば、個体別資料No.22という石器は、第2・3・5・7ブロックに共通して分布しているけれども、他のブロックには分布しておりません。同様に他の母岩は2つないし3つのブロックに分布している。こういった状況から、この遺跡では十数箇所のブロックがみつかっているのですが、こうした十数箇所のブロックがはたして同時に残されたものかどうかということについて検討が行われました。母岩を共有するということは同時に残されたことを客観的に示すと思われることから、複数の個体別資料を共有しているブロックは同時に残されたのではないかという捉え方が行われました。

3.「月見野・野川」以後の研究

　最後に、月見野遺跡群・野川遺跡の調査によって、旧石器時代の研究がどのように変わったのかということについて、現在の研究というよりも、直後の1970年代前半の研究状況について簡単にご紹介したいと思います。

　まず、石器群の編年研究についてです。月見野遺跡群・野川遺跡の調査が行われた直後には、第四紀学会のシンポジウムが行われ、野川遺跡と月見野遺跡群の成果から武蔵野台地と相模野台地のローム層の対比と石器群の対比が行われました。この点については、第四紀研究という雑誌の誌上で論争

が行われました。当時、相模野台地は、武蔵野台地に対して、ローム層が2倍以上の厚さがあるということから、私たち調査にたずさわった者は、単純に相模野台地のローム層と武蔵野台地のローム層を比較できませんでした。特に相模野台地では、B3層と呼んでいるローム層の下に波状帯というものがありまして、これを境にして地層の特徴が大きく異なっているわけです。乾いた地層の断面では、この波状帯を境にしてクラック帯となるのです。よく武蔵野台地では立川ローム層と武蔵野ローム層との境は、クラック帯で分けられるといわれていたことから、この波状帯が立川ローム層と武蔵野ローム層との境にあたるのではないかと考えました。当時、地質学の研究者の方にも、そういったことを考える方がおりまして、こういった考え方をしました。そうすると、相模野台地と武蔵野台地の石器の特徴がどうしても合わない。どうもローム層の対比がおかしいのじゃないかといわれたわけです。

一方、相模野台地ではB3層という地層からも、ナイフ形石器が出土していて、かなり下層からもナイフ形石器が出土すると主張したのですが、結果的にはたまたまだったのですが、野川遺跡ではV層から下層ではナイフ形石器が出土しなかったものですから、そういう点でも両台地の石器の対比には矛盾があって、なかなか決着しなかったのです。ローム層の研究では、1976年に、それまでも丹沢パミスというガラス質の火山灰の存在がわかっていたのですが、それが南九州の姶良火山の噴火によって日本列島全体を覆った広域火山灰だということがわかりまして、それをATと呼んでおりますが、この発見によって、武蔵野台地と相模野台地のローム層、それぞれの黒色帯の対比が正確にできたわけです。さらに武蔵野台地でもいくつかの遺跡の調査が行われますと、それまでナイフ形石器が出土しないといわれていた地層からも出土してきますし、VI層からもナイフ形石器が出土するということで、単純に野川遺跡の石器の内容だけでは全体像がつかめないということもわかったわけです。

その後、武蔵野台地では、小田静夫さんは、平代坂遺跡、西之台B遺跡、ICU.LOC15遺跡などを、これらの遺跡はいずれも野川流域の遺跡ですが、次々と調査を行いまして、そうした調査の成果をもとに武蔵野編年というものが

提示され、これは現在でも使用されているというわけです。
　一方、相模野台地では、月見野遺跡群のあと、上土棚遺跡、小園前畑遺跡、地蔵坂遺跡といった遺跡が次々と調査されまして、やはり、相模野台地でもナイフ形石器や槍先形尖頭器だけではなく、細石器の出土する層位も明らかになって、それをもとに相模野編年がつくられて、現在の編年のもとになっているわけです。
　また、野川遺跡の調査員だった白石浩之さんは、野川遺跡の調査成果を全面的に使って、それまでのナイフ形石器の編年研究の見直しを行いました。
　一方、遺跡の構造研究、あるいは遺物の分布、集落研究としては、さきほどお話しした母岩ごとの個体別資料をもとにした分析によって、複数のブロックが非常に有意な、密接な関係にあるもの、これをブロック群あるいはユニットと呼んでおりますが、そのように捉えて、ひとつの遺跡というのは複数のブロックからなるブロック群、あるいはユニットによって構成されていると理解されるようになりました。それは、旧石器時代には移動生活を行って、同じ地点を複数回にわたって訪れて、こういったブロック群というものを残したという遺跡観が形成されたわけです。石器の個体の消費と個体別資料の分類によって、ブロックの内容を詳細に意味づけし、遺跡の構造を分析するという研究の方向が提示されました。こうした分析方法は、砂川遺跡の第2次調査の報告においてさらに詳細に実践されて、その後の武蔵野台地や相模野台地の調査に大きな影響を与えました。
　以上、野川遺跡、月見野遺跡群の内容を中心に、それ以前の研究の状況とそれ以後の研究がどのように変わったのかということを簡単にご紹介しました。ありがとうございました。

参考文献
小林達雄・小田静夫・羽鳥謙三・鈴木正男 1971「野川先土器時代遺跡の研究」『第四紀研究』10-4
月見野遺跡群発掘調査団・明治大学考古学研究室 1969『概報・月見野遺跡群』
戸沢充則・安蒜政雄 1983「月見野遺跡群」『探訪先土器の遺跡』、有斐閣
野川遺跡調査会 1971『野川遺跡発掘調査概報』

第1部　講演会記録「旧石器時代の研究－野川から日本、そして世界へ－」

旧石器時代の日本列島と東アジア

　　　　　　　　　　　　　　　安蒜　政雄（明治大学文学部教授）

はじめに

　私たち人類が歩んだ歴史の大部分を占める旧石器時代は、古い方から前期・中期・後期という三つの時代に区分されています。日本列島にヒトが最初に姿をみせたのは、後期旧石器時代になってからのことでした。さて、野川の流域からは後期旧石器時代の遺跡がたくさん発見されています。ただし、それらの遺跡は、みな同時に残されたものではありません。流域一帯に最も数多くの遺跡が集まった、ある一つの時期があったのです。この時期を、野川遺跡群の画期と呼ぶことにします（安蒜 1985）。

　本日は、その野川遺跡群の画期に焦点を当てながら、日本列島をめぐって東アジアを舞台に展開された、ヒトとモノの動きについてお話ししたいと思います。とはいえ、ヒトとモノがどう動いたかという設問に具体的に答えるのは、かなり難しいといわざるをえません。そこで、仮説の域に留まる部分も多々ありますが、その点ご容赦ください。

1.　日本旧石器時代の文化と時期区分

　日本における後期旧石器時代の編年は、ここ関東平野の武蔵野台地を一つの基準として進展してきました。旧石器時代に降った火山灰の地層が何枚も堆積し、各地層から石器が発見されるからです。武蔵野台地では、地表を覆う黒色土の下に、石器が途中で途絶えることなく出土する、第Ⅲ層から第Ⅹ層までの火山灰層があります。そうした石器群の層位的な出土例を観察すると、旧石器時代は、石器が移り変わりをみせる、5つの時期に分かれます（戸沢・安蒜 1983）。古い方から順番に、まず、ナイフ形石器が段階的に変化する3つの時期があります。第Ⅹ層から第Ⅶ層が第Ⅰ期、第Ⅵ層が第Ⅱ期、

第Ⅴ層と第Ⅳ層の下半部が第Ⅲ期です。ついで、ナイフ形石器が槍先形尖頭器と交替する、第Ⅳ層の上半部から第Ⅲ層にかかる第Ⅳ期がつづき、細石器が現れる第Ⅲ層の第Ⅴ期で終わります。

　ナイフ形石器は、打ち割った石片の一部に加工をこらして作った槍の穂先です。槍先形尖頭器は、石器の表と裏の全体に手を加え入念に仕上げた槍の穂先でした。また、細石器は、細かくて小さな石片をいくつも組み合わせて作った槍の穂先だと考えられています。このように、ナイフ形石器と槍先形尖頭器それに細石器は、どれもが柄に取り付けた槍の穂先です（第1図）。そこで、日本列島の旧石器時代を槍の文化史とみる観点が生れてきました。これにしたがって、槍の穂先が更新されて発展した過程のうち、第Ⅰ期から第Ⅲ期までを合わせてナイフ形石器文化、第Ⅳ期を槍先形尖頭器文化、第Ⅴ期を細石器文化と呼び慣わしてもいます。

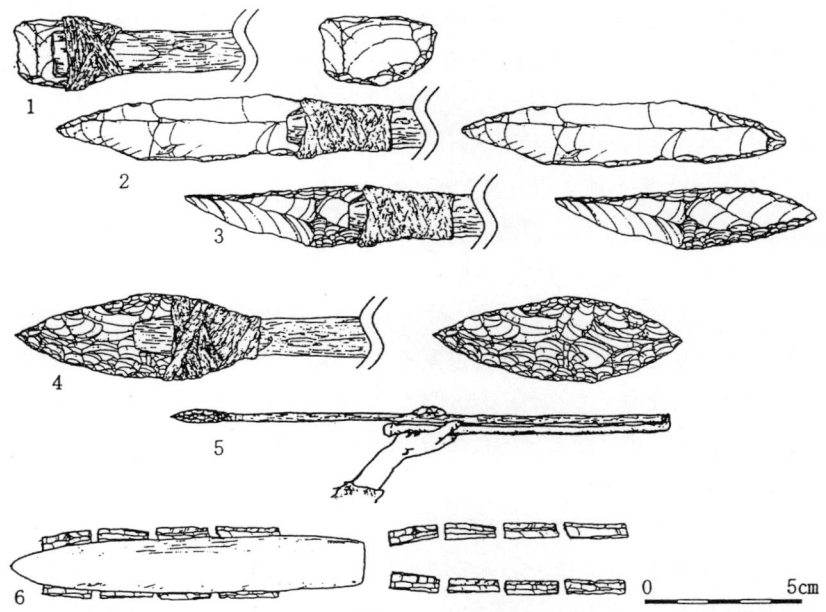

1〜3：ナイフ状の穂先（1：平刃状　2：両刃状　3：斜刃状）　4：石槍式の穂先
5：投槍器（想定図：縮尺不同）　6：組み合わせ式の穂先（一例）

第1図 旧石器時代の槍と穂先（安蒜1996）

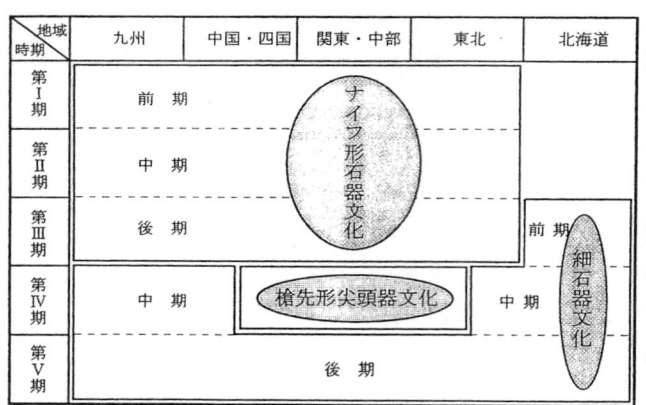

第2図　日本列島における旧石器時代の文化と階梯（安蒜2005）

こうした、武蔵野台地にみられる槍の交替を一つの基準として、日本列島全域の旧石器時代編年が編まれています。ナイフ形石器文化から槍先形尖頭器文化さらに細石器文化へという、3つの文化の階梯は、しかし、関東・中部を除くと、他の地域には当てはまりません。というのも、北海道にはナイフ形石器文化が発達した形跡が認められず、槍先形尖頭器文化もまた北海道と九州には顕著な存在を示さないからです。いいかえると、日本列島のどこでも、同じように石器が変化したのではなく、地域ごとに差があった事実が示されています。

　では、地域の差を対比するとどうなるか（第2図）。日本列島の旧石器時代は、前期・中期・後期に細分できる旧石器時代前半のナイフ形石器文化と、同じく前期・中期・後期に区分できる旧石器時代後半の細石器文化との、二つに大きく分かれてきます。そして、ナイフ形石器の後期と細石器文化の前期が、第Ⅲ期に重なり合います。また、槍先形尖頭器の文化は、第Ⅳ期の日本列島中央部で展開した極めて個性的な位置を占めている様子がお解りでしょう。この辺り一帯も、第Ⅳ期に発達した槍先形尖頭器文化の文化圏の一角です。

2. 野川流域に遺跡群が残された時期

　ここで、5時期・3文化という枠組みをとおして、野川流域の旧石器時代をみてみましょう。野川の流域には、遺跡銀座と呼ばれるほどたくさんの遺跡が密集しており、一帯に遺跡群が形作られています。この野川遺跡群が世に知られる切っ掛けとなったのが、1969年と70年の両年にわたっておこ

なわれた野川遺跡の発掘調査でした。以来、野川流域一帯の遺跡群は、旧石器時代の研究上、つねに重要な役割を果たし続けて今日に至っています。

　その野川流域に人類が第一歩を印したのは、日本列島の旧石器時代で一番古い段階の第Ⅰ期でした。その後の第Ⅲ期になると、どの時期よりも多い遺跡が残されはじめ、遺跡群の画期を迎えます。その時、川沿いには、数軒単位のイエが一定の感覚を置いて何個所も建ち並んだことでしょう。野川流域には、そうした景観の川辺のムラが、それも何度も繰り返して営まれていたと考えられています。では、野川遺跡群の画期となった第Ⅲ期とは、どんな時期か。最終氷期の最寒冷期に当たり、旧石器時代人の生活を左右する二つの大きな出来事が起きました。大型動物の絶滅開始と海の後退です。

　大型動物の絶滅は、旧石器時代人にとって、死活問題だったでしょう。何故なら、大型動物は、旧石器時代人の主な食糧源だったからです。日本列島には、北に亜寒帯系のマンモス・ヘラジカ・ヒグマなどが、南に冷温帯のナウマンゾウやオオツノシカなどが、それぞれ棲息していました。それらの動物が、最終氷期の最寒冷期という環境の変化に適応しきれず、絶滅の方向に向かったのです。

　ちなみに、現生のシカとウシそれにゾウの体重を、シカを約500kgとして比較すると、ウシで大体2～3倍、ゾウでは10倍にもなります。そのゾウ一頭から1,000kgの食用肉が手に入ったとし、仮に、一人当たり200gに切り分けると、5,000人分。一日2食として、2,500人分です。これは、100人でおよそ一カ月間食べつなげる分量に匹敵します。大型動物の絶滅は、正に死活問題だったのです。そうした状況下の第Ⅲ期に、野川流域一帯に遺跡が群在しだしたわけです。川辺のムラの出現は、旧石器時代人が講じた食糧対策の一環でもあったのでしょうか（安蒜1996）。

　最終氷期最寒冷期の気温低下は、大型動物を絶滅に追い込んだ一方、水を陸地に氷として閉じ込める結果海水位が下がる海退現象を引き起こしました。日本列島と周辺大陸を隔てる海の幅はせばまり、双方の地理的な距離は著しく縮まります。この時、旧石器時代人は、間近に迫った対岸へと、海を渡ることも可能だったでしょう。実際、この第Ⅲ期に、海の向こうの対岸か

ら、日本列島に渡ったモノがありました。湧別技法と名付けられた細石器作りの方法（吉崎 1959）と剥片尖頭器と呼ばれる石器（清水 1973）が、その代表例です。

3. 環日本海文化回廊

　湧別技法は、極めて複雑な工程を踏みます（第3図）。まず最初に、原石から石片を割り取り、加工して槍先形尖頭器状の素材が用意される。つぎに、素材の片端を削ぎ落として船の形に仕上げ、その後、舳に当たる部分から細石器を作り出すのです。対岸から、全く同じ技法が発見されています。ところで、日本列島の細石器作りには、湧別技法と並ぶ、もう一つの技法があります。矢出川技法で、原石を角柱状に打ち割って、その稜を削り取るようにして細石器を作り出します（安蒜 1979）。ただし、矢出川技法と周辺大陸との関連性についてはよくわかっていません。

　その、湧別技法と矢出川技法は、日本列島内で互いに対極的な分布状況を示します。湧別技法の分布は、北海道に集中し、そして東北、関東・中部、

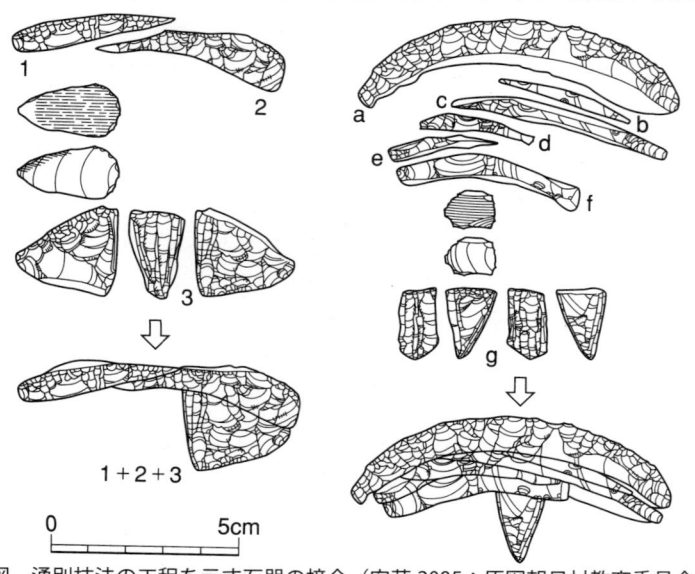

第3図　湧別技法の工程を示す石器の接合（安蒜 2005：原図朝日村教育委員会 1996）

近畿・中国・四国へと延びますが、九州にはありません。一方、矢出川技法の発見例は、九州を中心として、近畿・中国・四国、中部・関東へと広がる中、北海道には非常に希薄です。ただし、湧別技法と矢出川技法の分布状況を正確にとらえるためには、双方の時間的な関係を考慮する必要があります

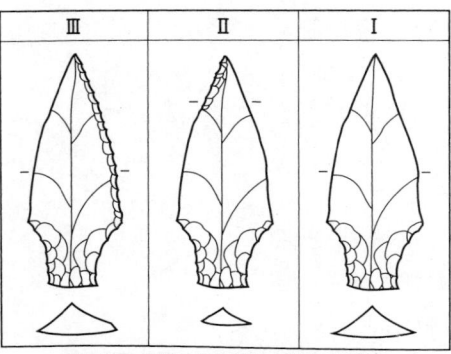

第4図　剥片尖頭器（清水 1973）

（第2図）。というのも、湧別技法の伝播が第Ⅲ期の北海道に遡るのに対して、矢出川技法は一時期遅い第Ⅳ期以降の九州に姿をみせるからです。そのうえ、両者が本州で接するようにして分布するのは、さらに時期が下って第5.期になってのことでした。つまり、湧別技法は第Ⅲ期、矢出川技法は第Ⅳ期というように、それぞれが出現した時期が異なっているのです。

　北海道に湧別技法が伝播した第Ⅲ期、九州に剥片尖頭器が登場します（第4図）。剥片尖頭器はナイフ形石器の仲間で、したがって、その多くが槍の穂先であったと考えられます。その剥片尖頭器をことさらにナイフ形石器と呼ばない理由は、柄に取り付けるための茎（なかご）が一目でそれとわかるほどにしっかり作り出されているからです。この剥片尖頭器の出土は、九州にまとまる他、近畿・中国・四国と関東・中部の数遺跡で発見されています。そうした分布を元に、当初は九州で独自に発達した石器とみなして、様々な日本列島内起源説が取り沙汰されてきました。ところが、1980年代に入って、スヤンゲ遺跡が端緒となり、対岸の韓国から大量に剥片尖頭器が発見されはじめ、渡来が確実視されるようになっています（松藤 1987）。

　以上のように、湧別技法と剥片尖頭器は、旧石器時代の第Ⅲ期に、対岸の周辺大陸と繋がりをもった証拠です。ただし、湧別技法と剥片尖頭器とでは、互いに本州を共通項としながらも、湧別技法が北海道を中心に、剥片尖頭器は九州に集中という、全く対象的な分布域を形成しています。では、湧別技法と剥片尖頭器が示す分布の違いとは、一体、何を物語っているのでしょ

うか。私の仮説を交えながら、お話ししたいと思います（安蒜 2005）。

日本海を囲む東アジアの地図を想い描いてください（第5図）。九州になく、北海道に集

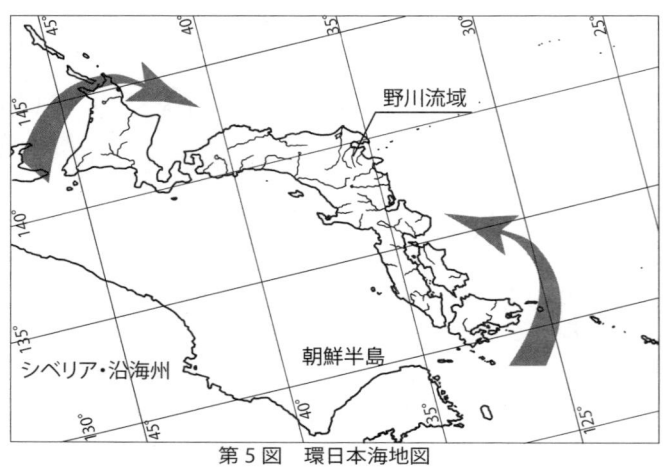

第5図　環日本海地図

中し、東北、関東・中部、近畿・中国・四国へと延びる湧別技法の分布を対岸に追うと、北海道の西隣りのロシアの沿海州から朝鮮半島まで連なります。一方、北海道に稀薄で、九州にまとまり、近畿・中国・四国と関東・中部の数遺跡で出土する剥片尖頭器の分布を対岸に求めると、九州の北隣りの朝鮮半島から沿海州へと続きます。

つぎに、そうした湧別技法と剥片尖頭器の分布域を重ね合わせてみましょう。双方の広がりが、日本海を周回するように、ぐるりと一巡します。そして、そこには、日本海の沿岸を一回りするかのようにしてヒトとモノが動いた、旧石器時代のミチ筋が浮かんでくるではありませんか。旧石器時代の環日本海文化回廊です（安蒜1986）。では、この回廊上、湧別技法と剥片尖頭器は、どこからどういった経路で日本列島に伝播し渡来したのでしょうか。

4. 日本列島を巡るヒトとモノの動きと野川遺跡群

湧別技法は、現在までのところ、シベリアにその最も古い一群があり、ここがヒトとモノが動いた起点ではないかと考えられます（木村 1997）。これに対し、剥片尖頭器は、朝鮮半島の南部に後期旧石器時代の初頭に遡る古さの剥片尖頭器があるとされており（小畑 2003）、韓国にヒトとモノが動く起点があったようです。とすると、シベリアにはじまる湧別技法は、右回

りに回廊を伝って、北海道を経由して本州まで南下したミチ筋を追えるのではないでしょうか。また、韓国にはじまる剥片尖頭器は、左回りに回廊を伝い、九州を経由しながら本州を北上したミチ筋が想定されてきます。

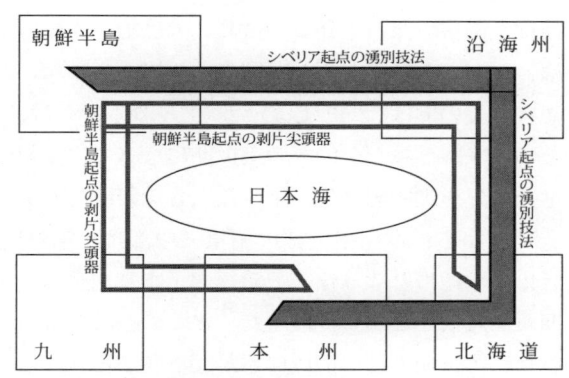

第6図　後期旧石器時代の環日本海文化回廊

ところで、右回りに本州を南下した湧別技法が、九州に達した明確な痕跡はありません。にもかかわらず、右回りで九州の先の場所に位置する朝鮮半島は、湧別技法の分布域となっているのです。どうして、そんな事象が起きているのか。シベリアを起点とする湧別技法のミチが右回りと左回りの二手に分かれていたからではないでしょうか。日本列島へは右回りで、朝鮮半島へは左回りに、それぞれ回廊を進んで伝播したと考えられるのです。剥片尖頭器も同様で、左回りで渡来したばかりではなく、右回りでも北海道に及んだとする研究があります（北海道今金町教育委員会 2002）。だとすると、回廊には、右回りのミチと左回りのミチという、対向する二つのヒトとモノの動きがあったことになります。

さて、その右回りや左回りにヒトとモノが行き交った回廊は、果たして、本州を横断し日本列島内で繋がっていたのかどうか。湧別技法が北海道へと伝播し、剥片尖頭器が朝鮮半島から九州へと渡来したのは、どちらも確かに第Ⅲ期の出来事でした（第2図）。ただし、右回りで伝播した湧別技法のミチは、つづく第Ⅳ期で東北、さらに第Ⅴ期で関東・中部および近畿・中国・四国へと延びますが、まだ第Ⅲ期には北海道内に留まっている状態です。一方、左回りで渡来した剥片尖頭器のミチは、北海道にまでは達していません。

こうして、湧別技法が伝播した右回りのミチと、剥片尖頭器が渡来した左回りのミチとは直に接触することはなかったのです。というよりも、むしろ、

第1部　講演会記録「旧石器時代の研究－野川から日本、そして世界へ－」

回廊上に占めた日本列島の位置、分けても本州の中央部にあたる関東・中部は、ヒトとモノとが相互に往来した場所ではないところに歴史的な意義を求められるのではないでしょうか（第6図）。そこは、回廊の行き止まり地帯だったのです。それが、つぎの第Ⅳ期になって、本州の中央部にのみ独自に発達した槍先形尖頭器文化が生れた大きな要因でもあったと考えられます。

　すなわち、本州中央部の関東・中部は、第Ⅲ期に環日本海文化回廊の行き止まり地帯となった。その行き止まり地帯の一角を野川が流れ、流域には旧石器時代をとおして最もたくさんの遺跡が群れをなし、川辺のムラが営まれた。第Ⅲ期の河川流域に遺跡が群在する状況は、関東平野に共通する事象です。したがって、当該時期の河川流域遺跡群を調査し研究しつづけることによって、東アジア全域におよぶヒトとモノとの動きの中で、日本列島内に回廊の行き止まり地帯を生み出した歴史的な経緯が解き明かされてくると思います。野川遺跡群は、群集する遺跡の数といい、遺跡の遺存状態といい、ともに他に例のない恰好な研究対象です。そうした意味で、野川遺跡群の研究は、東アジア旧石器時代研究の要の一つとなるに違いありません。

参考文献

安蒜政雄 1979「日本の細石核」『駿台史学』47
安蒜政雄 1985「先土器時代における遺跡の群集的な成り立ちと遺跡群の構造」『論集 日本原史』吉川弘文館
安蒜政雄 1986「先土器時代の石器と地域」『岩波講座日本考古学』5 岩波書店
安蒜政雄 1996「旧石器時代の狩猟」『考古学による日本歴史』2 雄山閣
安蒜政雄 2005「環日本海の旧石器時代と石器作りの広がり」『日本海学の新世紀』5 角川学芸出版
小畑弘己 2003「朝鮮半島における後期旧石器時代初頭の文化」『日本旧石器学会第1回シンポジウム予稿集』
木村英明 1997『シベリアの旧石器文化』北海道大学図書刊行会
清水宗昭 1973「剥片尖頭器について」『古代文化』25-11
戸沢充則・安蒜政雄 1983「日本の先土器時代文化」『探訪先土器の遺跡』有斐閣
北海道今金町教育委員会 2002「ピリカ遺跡2.－史跡ピリカ遺跡史跡整備事業に伴う発掘報告書－」『今金町文化財調査報告』5
松藤和人 1987「海を渡った旧石器"剥片尖頭器"」『花園史学』8
吉崎昌一 1959「北海道白滝村Loc.30の石器群」『考古学手帖』6

〈コメント〉

小田　静夫

　今日久しぶりに、35年ぶりに野川流域の遺跡を見学しました。明治大学調布付属校用地における下原・富士見町遺跡の発掘現場は、非常に広範囲にわたっており、これはもう、私たちがいままで望んでいたような調査がなされているということで、大変感激しました。また、鈴木次郎さんや安蒜政雄先生の講演で、野川遺跡が日本の旧石器研究の基準になったと取り上げられ、35年前に調査を進めた私たちの成果が、今日まで皆さんの役に立っているということで感慨深いものがあります。

　下原・富士見町遺跡は、調査現場を見学した限りでは、1969年に私が野川遺跡を調査したときと非常に似ています。かつてやはり、立川段丘には遺跡はないのではないかと言われていました。日本の第四紀の研究者の方々、町田洋先生や羽鳥謙三先生がロームを細かく研究していらっしゃいましたが、そういう先生方が立川段丘には旧石器の遺跡はないよとおっしゃっていました。そうなのかと思っていたのですが、それが野川遺跡ではからずも見つかって、遺跡の地層を分析し、標準層位として位置づけられました。ここではⅠ・Ⅱ・Ⅲ・Ⅳ・Ⅴ〜Ⅹ層まで数字をつけたのですが、それが今、武蔵野台地の遺跡発掘の共通の基礎資料になったということで、私たちはひとつの大きな仕事を残しえたと誇りに思っています。

　また、鈴木次郎さんが月見野遺跡群のお話しをされました。私も、明治大学の大学院へは、戸沢充則先生や安蒜政雄先生が月見野遺跡群を一生懸命掘っておられたころに入りました。そのときの月見野遺跡群での経験が、のちに野川遺跡の発掘調査で役立ちました。それはどうしてかというと、月見野遺跡の調査は宅地造成に伴う緊急調査で全部掘れなかったという恨みがあるのですが、なんとか出土資料のきちんとした記録を残したいという戸沢先

生の熱意のもとで、出てきた石器の一点一点の地点を取る時間がない中で、当時割り箸を立てたり、石器、礫群、剥片など各遺物ごとに色を違えて印をつけるなどして写真で残す努力がなされていました。そのような調査に私も参加していましたが、そのときに、これでは、ほんとに報告書を作るのは難しいなと思い、野川遺跡の発掘調査では、全部一点一点地点を取りましょうと考えたわけです。そして全点、地点を取るという作業を私が始めてやりました。

　しかしながら炭化物集中については、地点を取るような段階ではありませんでした。ところが下原・富士見町遺跡の調査現場では、炭化物も全部地点を取っている。これは私たちが野川遺跡でできなかったひとつの心残りだったのですが、その後、杉並区の高井戸東遺跡では完璧に炭化物も全部地点を取りました。それが、非常に役立って、日本列島の旧石器時代の時期の中で、石器・礫群・炭化物という3つの要素に基づいてセトルメントパターンという研究ができました。これは本当に、世界に誇れる成果だと思います。そういう意味では、旧石器の研究は野川流域の研究が基準になっているのです。

　野川流域は、安蒜先生によりますと、東アジアの中でちょうど真ん中の出会いの地域である、いわゆる行き止まりの地域であるということです。北から来た文化も野川でとまり、南から朝鮮半島を経てきた人々も野川でとまる。ですから、野川は最終地点なんですね。2、3年前にNHKで『日本人はるかな旅』という特集番組を制作したのですが、北と南の人間が都庁の前で出会うという話がありました。しかし旧石器時代の当時都庁はなく、新宿平原で出会ったと、NHKが再現ドラマを制作しました。安蒜先生のお話しそのものなのですね。野川流域の旧石器時代を研究すると、東アジアの石器文化のすべてが終着点においてみることができる。どんな石器群でも野川流域の地層中に全部投影されている。これは世界の石器の編年を研究する私たちの、旧石器考古学の原点です。山内清男先生は「土器がすべての物差しである、尺度である」とおっしゃいました。旧石器時代では「石器」です。石器が尺度であるということの研究の原点を、この野川流域で学べる。明治大学の学

生さんはそういう遺跡に携われたということは本当に幸せなことです。また調布市と三鷹市が明治大学と共同してこのようなシンポジウムが開催されたということも、私はうれしかったですね。35年ぶりにこのような機会に参加させていただきました。本当に、下原・富士見町遺跡の発掘がうらやましい。この発掘成果をぜひ世界に発信してもらいたい、と心から願っております。

　本日は、ありがとうございました。

（小田静夫氏の監修の下、当日の録音記録にもとづき編集者が作成しました）

安蒜政雄氏

小田静夫氏

第2部　公開シンポジウム基調報告

1　野川流域の旧石器時代遺跡
－最近の立川面における調査から－

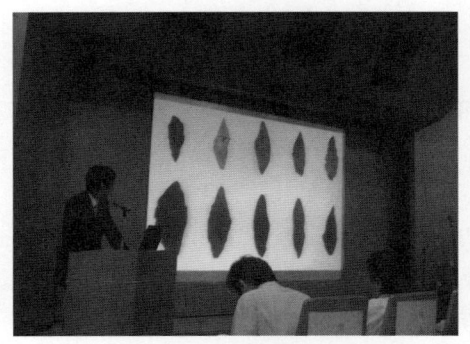

シンポジウム会場　2006年7月16日

第2部　公開シンポジウム基調報告

基調報告1
下原・富士見町遺跡における石器群と遺跡の変遷

藤田健一

はじめに

　学史的にも著名な野川流域の後期旧石器時代遺跡群に加えられる下原・富士見町遺跡は、2005～06年度にかけて実施された明治大学付属明治高等学校・明治中学校建設予定地の本発掘調査により、きわめて大規模な重層遺跡であることが判明した。

　明治大学校地内遺跡調査団では、石器群や礫群の出土状況等の詳細な考古学的記録や、炭化材の全点位置計測、周辺諸科学分野との様々な総合研究的試みを盛り込み、発掘調査を展開しているが、これらを総括した報告書の刊行までには、調査終了後さらに数年を要さねばならない。ここにいち早く、本遺跡の概要を報告し、現段階における所見を示したい。

　なお、特に引用参考文献を提示していない場合は、『明治大学校地内遺跡調査団年報』（明治大学校地内遺跡調査団編 2004、2005、2006）による。

1. 遺跡の立地

　下原・富士見町遺跡は、後期旧石器時代と縄文時代、近現代の遺構・遺物を包含する複合遺跡である。東京都調布市と三鷹市との市境（東京都調布市富士見町4-28、三鷹市大沢4-23・24）に所在する（第1、2図）。

　遺跡は、武蔵野台地の南部、国分寺崖線に沿って流れる野川の中流域右岸に位置しており、野川を挟んで此岸（南側）は立川面、彼岸（北側）に広がる高台は武蔵野面である。遺跡周辺での両岸の比高差は10m余りである。

　遺物は野川に沿って調査区北側を中心に高密度で分布している。ただし、調査区の南側へかなり奥まった平坦面でも石器の集中部が確認されており、

下原・富士見町遺跡における石器群と遺跡の変遷

第1図　下原・富士見町遺跡の位置

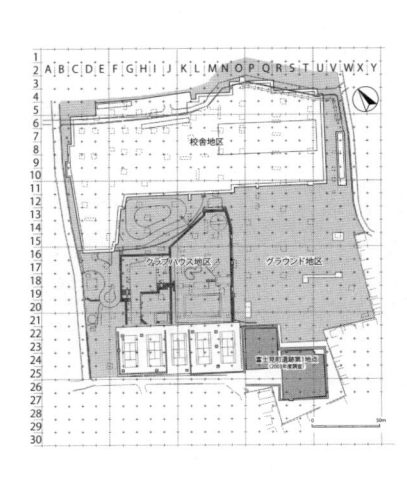

第2図　調査区の配置

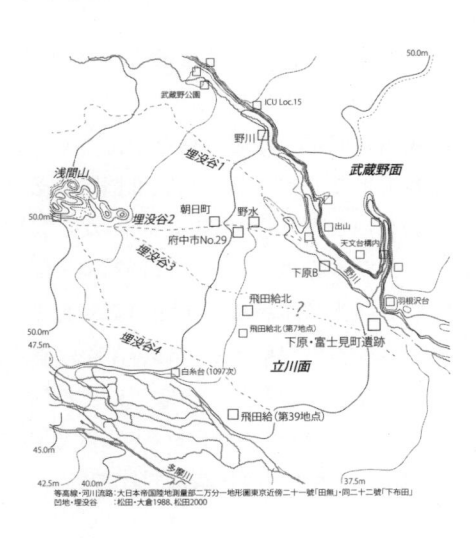

第3図　周辺の地形と旧石器時代遺跡

このような分布は埋没谷などの旧地形の影響下にあると解釈される。

　野川流域には後期旧石器時代に属する遺跡が集中している（第3図）。下原・富士見町遺跡の周囲には、武蔵野面側では三鷹市天文台構内遺跡（東京天文台構内遺跡調査団編 1983、三鷹市教育委員会・三鷹遺跡調査会編 2002a、2004）、三鷹市羽根沢台遺跡（三鷹市教育委員会・三鷹遺跡調査会編 1996）、立川面側では三鷹市下原B遺跡（三鷹市教育委員会・三鷹遺跡調査会編 2002b）がある。調布市野水遺跡（小池　2006）は野川の上流側2kmほどの立川面に位置している。

2. 基本土層と文化層

　基本土層の区分は野川遺跡における立川ローム層の標準層序（小林・小田・羽鳥・鈴木　1971）にもとづいて行なった。本遺跡ではⅦの一部より上位は、通常のローム層の堆積を確認しているが、Ⅶ層より下は水の影響を受けた堆積である。Ⅶ層直下のローム質の堆積層を「A層」、その下位の砂あるいは砂混じりのシルト質の堆積層を「B層」と呼称し、さらにそれぞれの細分を行っている[1]。

　砂およびシルトからなるB層は「水送水中堆積型の氾濫原堆積物」である。人工遺物の出土はない。

　A層は従来、周辺の調査を含めて、いわゆる「水つきローム」として認識されていた。すなわち水成堆積層であり、かつ人工遺物を原位置では包含していないと考えられていた。しかし、試掘・確認調査で石器の包含が確認され、また本調査においては石器集中部が確認されている。これらの石器はいずれも風化や摩滅など水流の影響を受けた二次的な移動の痕跡はうかがえない。現段階の見解としては、A層は基本的には降下火山灰を母材とする「風送性堆積物」であり、水などによる二次的な変性をうけたものであると考えている。A3層出土炭化材のAMS年代にもとづいて考えるならば、A2層はⅦ層下部、A3層はⅨ層に対比される。

3. 石器群の概要

 本調査の結果、石器約25,000点、礫約60,000点が出土した。これらは重層的に出土しており、現段階での所見では、13の文化層の存在を考えている。概要は次の通りである（第4〜7図）。

 Ⅲ層　安山岩とチャート、黒曜石製の尖頭器が出土している。出土層位はⅡc層〜Ⅱd層であったが、本来的にはⅢ層に帰属するものと判断し、これに含める。配石も検出した。

 Ⅲ層〜Ⅳa層　「ナイフ形石器終末期」の石器群である。調査区の北側を中心にいくつかの石器集中部を検出しているほか、この時期のものと考えられるナイフ形石器が、広い範囲で、点々と出土している。凝灰岩やチャート、あるいは頁岩、黒曜石などを用いている。これに伴う礫群の存在は希薄であり、砕けた礫が少数集中する小規模なものである。なお、同層準からは配石も検出している。

 Ⅳa層〜Ⅳb層　「砂川期」の石器群である。石器集中部は1区北西側を中心に分布している。凝灰岩やチャート、あるいは頁岩などを用いている。明確な二側縁加工のものも存在するが、素材の形を活かし、基部や先端部の加工を省略したとも捉えられる資料が目を引く。石器集中部は十数ヶ所を数え、ナイフ形石器のほかに石刃、石刃石核、砕片等からなる大規模な石器集中部も確認されている。礫群は円礫や砕けた礫から構成されており、炭化材が大量に伴う例も複数確認されている。石器・礫・炭化材の集中部は各々異なる中心を持つものの、分布としては近接し重なっている例が多い。

 Ⅳb層〜Ⅳc層　重層的に礫群が存在しており、三つの面（Ⅳb層下部・Ⅳc層上部・Ⅳc層中部）に細分して捉えることが可能であると考える[2]。とくにⅣb層下部とⅣc層上部で多数の礫群を検出しており、その総数は180基を越えている。石器集中部も多数検出している。

 Ⅳb層下部では、樋状剥離を有する尖頭器が複数個所で出土している。形態や大きさ、使用石材などには多様性を見て取れる。Ⅳc層上部では黒曜石製のナイフ形石器が散見される。Ⅳc層中部では今のところ石器の出土はごくわずかである。いずれの面にも主として拳大の円礫が1〜2mの範囲

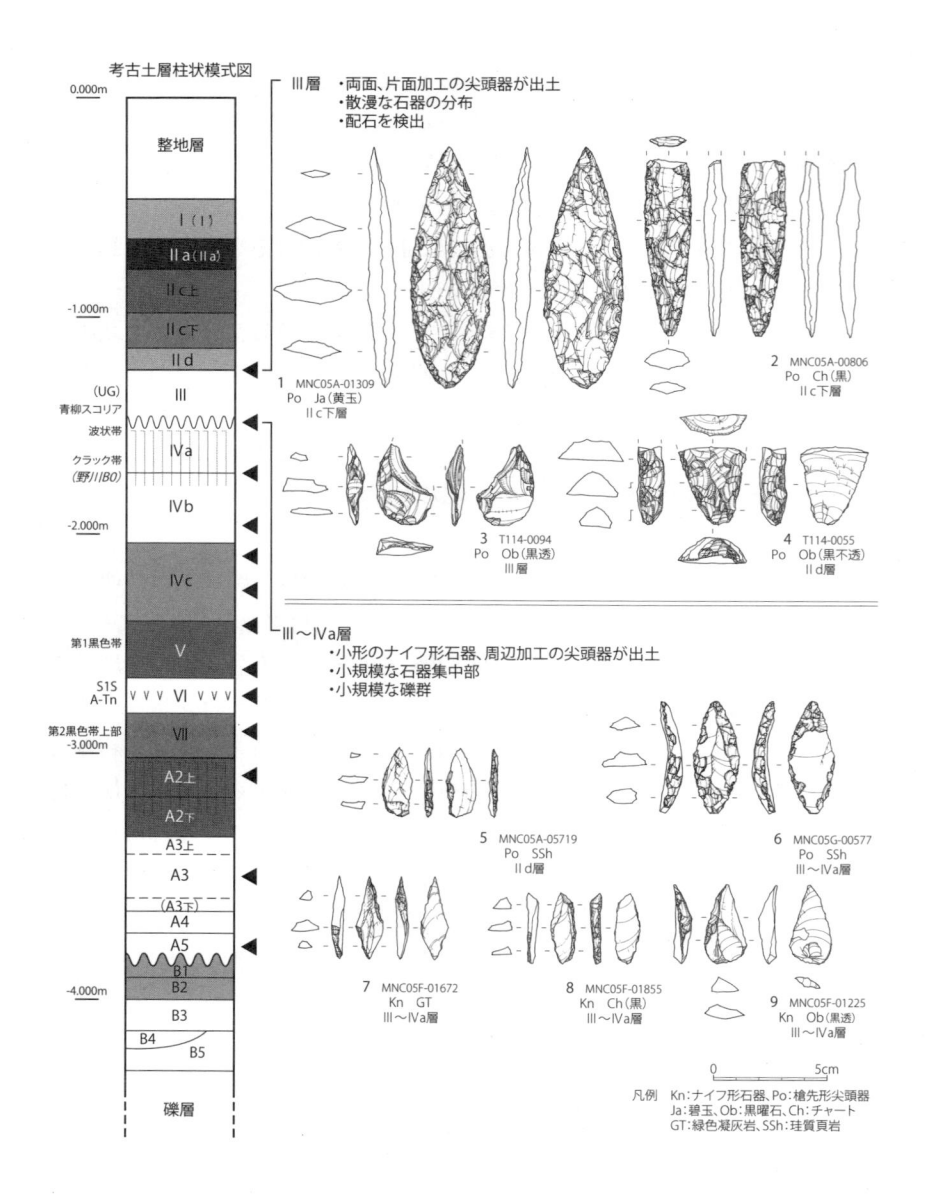

第2部　公開シンポジウム基調報告

考古土層柱状模式図

Ⅲ層
・両面、片面加工の尖頭器が出土
・散漫な石器の分布
・配石を検出

1　MNC05A-01309　Po　Ja（黄玉）　Ⅱc下層
2　MNC05A-00806　Po　Ch（黒）　Ⅱc下層
3　T114-0094　Po　Ob（黒透）　Ⅲ層
4　T114-0055　Po　Ob（黒不透）　Ⅱd層

Ⅲ～Ⅳa層
・小形のナイフ形石器、周辺加工の尖頭器が出土
・小規模な石器集中部
・小規模な礫群

5　MNC05A-05719　Po　SSh　Ⅱd層
6　MNC05G-00577　Po　SSh　Ⅲ～Ⅳa層
7　MNC05F-01672　Kn　GT　Ⅲ～Ⅳa層
8　MNC05F-01855　Kn　Ch（黒）　Ⅲ～Ⅳa層
9　MNC05F-01225　Kn　Ob（黒透）　Ⅲ～Ⅳa層

0　　　　5cm

凡例　Kn：ナイフ形石器、Po：槍先形尖頭器
　　　Ja：碧玉、Ob：黒曜石、Ch：チャート
　　　GT：緑色凝灰岩、SSh：珪質頁岩

第4図　下原・富士見町遺跡出土石器（1）

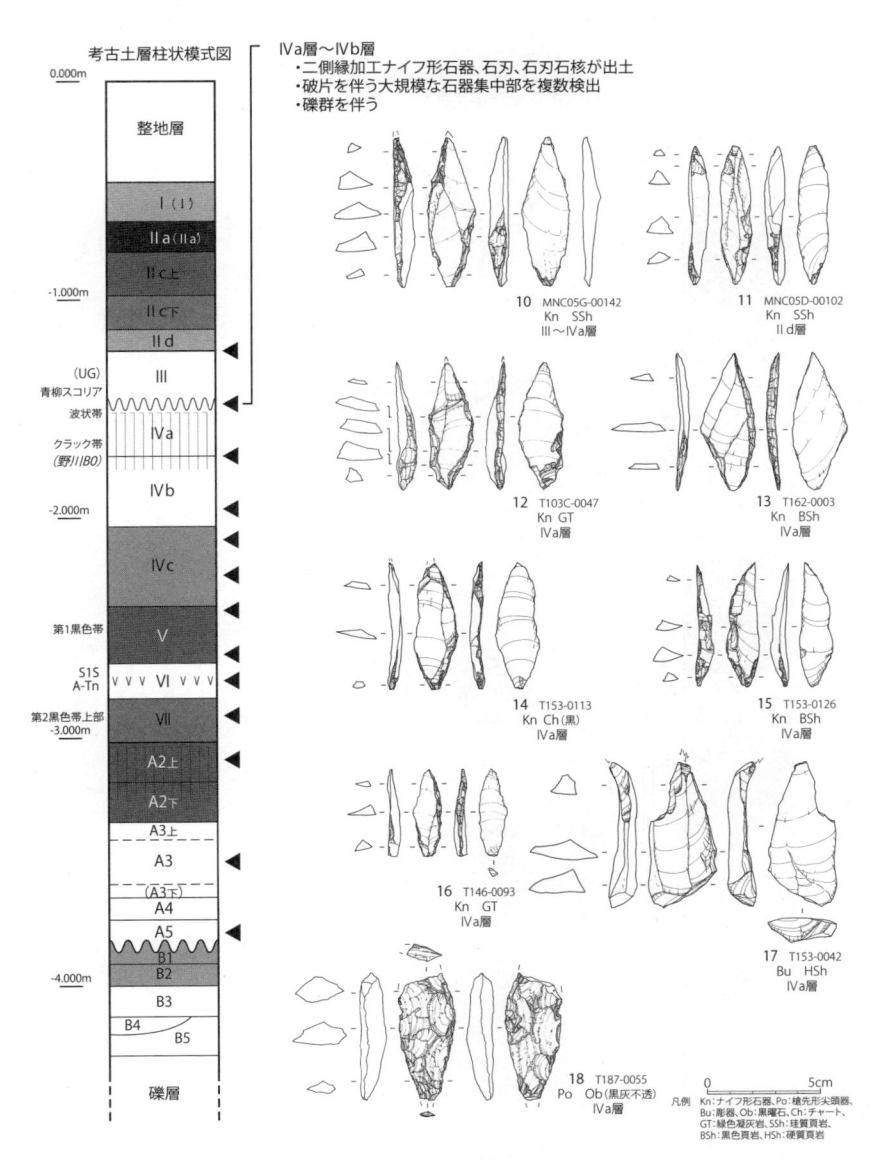

下原・富士見町遺跡における石器群と遺跡の変遷

考古土層柱状模式図

IVa層〜IVb層
・二側縁加工ナイフ形石器、石刃、石刃石核が出土
・破片を伴う大規模な石器集中部を複数検出
・礫群を伴う

10 MNC05G-00142　Kn SSh　III〜IVa層
11 MNC05D-00102　Kn SSh　IId層
12 T103C-0047　Kn GT　IVa層
13 T162-0003　Kn BSh　IVa層
14 T153-0113　Kn Ch(黒)　IVa層
15 T153-0126　Kn BSh　IVa層
16 T146-0093　Kn GT　IVa層
17 T153-0042　Bu HSh　IVa層
18 T187-0055　Po Ob(黒灰不透)　IVa層

0　　　5cm

凡例　Kn:ナイフ形石器、Po:槍先形尖頭器、Bu:彫器、Ob:黒曜石、Ch:チャート、GT:緑色凝灰岩、SSh:珪質頁岩、BSh:黒色頁岩、HSh:硬質頁岩

第5図　下原・富士見町遺跡出土石器（2）

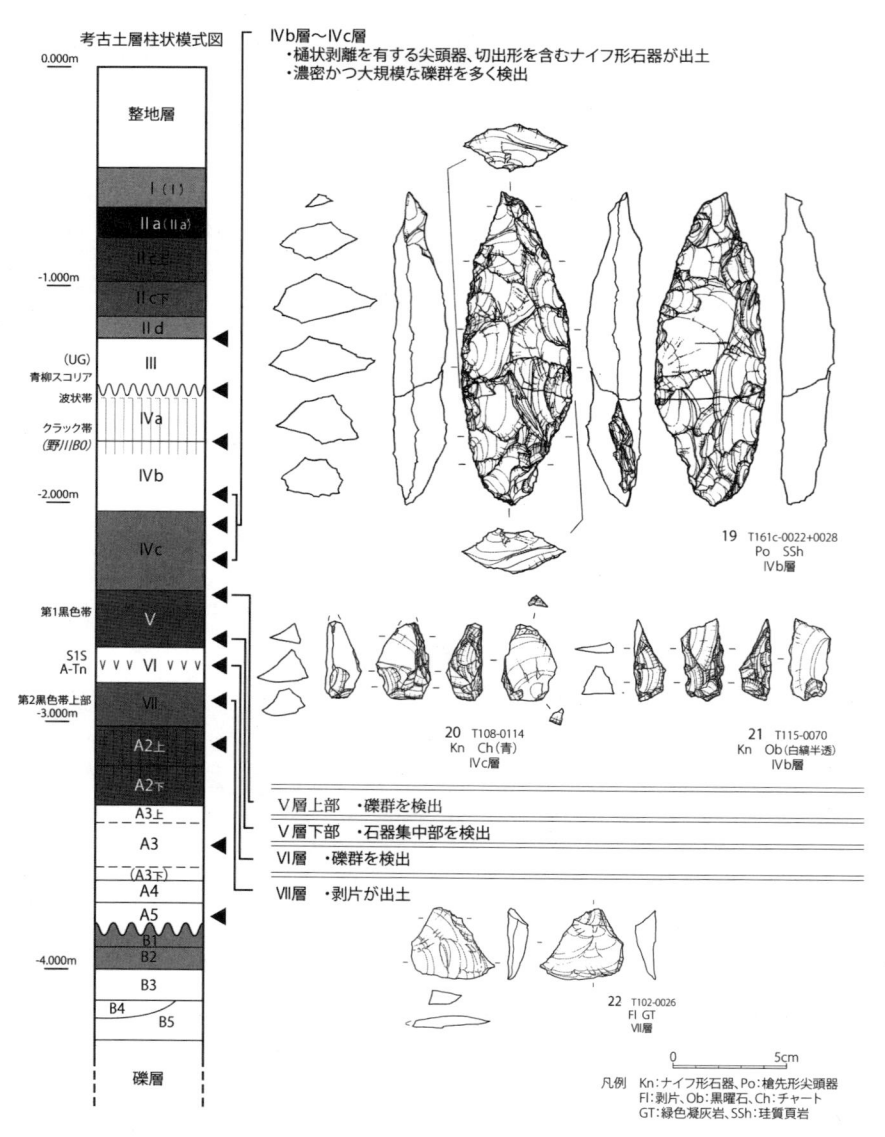

第 2 部　公開シンポジウム基調報告

考古土層柱状模式図

IVb層〜IVc層
・樋状剥離を有する尖頭器、切出形を含むナイフ形石器が出土
・濃密かつ大規模な礫群を多く検出

19　T161c-0022+0028
　Po　SSh
　　　IVb層

20　T108-0114
　Kn　Ch(青)
　　　IVc層

21　T115-0070
　Kn　Ob(白線半透)
　　　IVb層

V層上部　・礫群を検出
V層下部　・石器集中部を検出
VI層　　・礫群を検出
VII層　　・剥片が出土

22　T102-0026
　Fl　GT
　　　VII層

0　　　　5cm

凡例　Kn:ナイフ形石器、Po:槍先形尖頭器
　　　Fl:剥片、Ob:黒曜石、Ch:チャート
　　　GT:緑色凝灰岩、SSh:珪質頁岩

第 6 図　下原・富士見町遺跡出土石器（3）

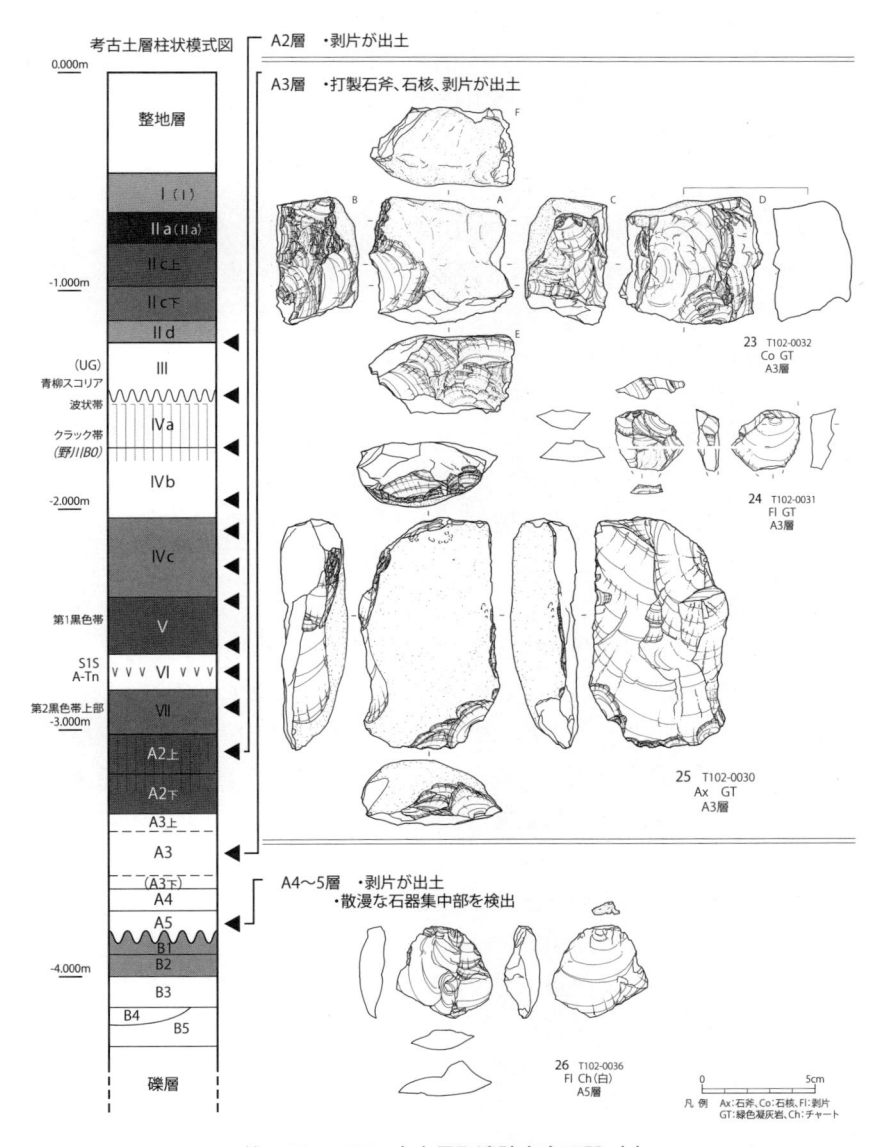

下原・富士見町遺跡における石器群と遺跡の変遷

考古土層柱状模式図

A2層 ・剥片が出土

A3層 ・打製石斧、石核、剥片が出土

23 T102-0032
Co GT
A3層

24 T102-0031
Fl GT
A3層

25 T102-0030
Ax GT
A3層

A4〜5層 ・剥片が出土
・散漫な石器集中部を検出

26 T102-0036
Fl Ch (白)
A5層

凡 例　Ax:石斧, Co:石核, Fl:剥片
　　　GT:緑色凝灰岩, Ch:チャート

第7図　下原・富士見町遺跡出土石器（4）

に高密度に集中する大規模な礫群が伴っている。また礫の広く散漫な分布も見られる。調査区北側の段丘の縁辺付近のみならず、調査区南側でも礫群が検出されている。

　Ⅴ層上部　散漫な礫群を数基検出している。
　Ⅴ層下部　黒曜石製の砕片からなる集中部1ヶ所を検出している。
　Ⅵ層　礫群と少量の石器を検出している。
　Ⅶ層　石器が散発的に出土している。
　A2層　頁岩あるいはチャート、凝灰岩の剥片が数点出土している。明確な石器集中部は確認していない。
　A3層　凝灰岩製の打製石斧、石核、剥片が検出されている。
　A4〜A5層　1区南側、礫層直上で、径5mの範囲にチャート製の剥片が出土している。散漫ではあるが集中部を構成する。

　なお、A2層・A3層では極めて大規模な炭化材集中部が検出されているが現在までのところ、いずれも石器群との分布の重なりはない。

4.　遺跡の変遷

　上述の石器群を通時間的に見通すならば、当地が後期旧石器時代の初源から人間活動の舞台であったことは明白であろう。ただし、連綿と重なる文化層において、遺物の在り方は一様ではない。遺物量という点ではⅤ層以下とⅣ層以上とで明確な差異が認められる。即ち、礫層直上から続く希薄な生活の痕跡は、遺物量の爆発的な倍化という形でⅣc層中部を境に一変し、以降一定の遺物量が維持されるのである。

　A層中からⅦ層の各石器群は、いずれも断片的な石器の出土、あるいは小規模な礫群である。A5層およびⅤ層下部で小規模な石器集中部が見られるものの、現時点では、Ⅴ層以下での石器製作の痕跡は希薄といえる。

　Ⅳc層中部での遺物の爆発的な増加は、極めて濃密な中心部を持つ大規模な礫群の出現に起因する。これ以降、一定の遺物量が維持されながら後期旧石器時代の終焉へと向かうわけであるが、このⅣc層中部を境とする様相の変移は、遺跡変遷という視点における最大の"画期"として評価できる。

しかしながら、Ⅳc層中部以降の遺物の在り方は決して等質ではない。Ⅳb層～Ⅳc層の石器群にはナイフ形石器や樋状剥離を有する尖頭器が見られるが、大規模な石器集中部はいまのところ確認できない。集約的な石器製作の場はなかったと考えられる点では、Ⅵ層以下と共通するとも言える。

　石器製作址と目される石器集中部はⅣa層～Ⅳb層にかけて顕著である。比較的小さな礫群や、いわゆる「砂川期」の石器製作関連資料が集中部をなす同層位では特に調査区西側において1000点を超える石器集中部もあり、集約的な石器製作址と考えられる。礫群はⅣb層下部以下の礫群と比較すると、同層位においては炭化材が直接的に伴う比率が高いように感じられる。

　Ⅳa層以降は、いまのところ、石器製作の痕跡のみならず礫群の存在も不明瞭なものと認識される。しかし、石器集中部はそれほど多くないものの存在し、ナイフ形石器や尖頭器が一定量出土していることは特記しておきたい。

おわりに

　きわめて大量かつ重畳し分布する本遺跡が内包する問題は、今後、分析を経るにつれ多岐に渡ることは容易に想像がつく。

　考古学的な視点からは、まずは編年に関わる問題が注目されよう。とくにⅣ層が包含する剥片石器は、それより下位とは比較にならないほど大量である。編年の再考の具となることは間違いなかろう。

　また数多く検出した礫群は、礫群構成礫の状態や分布状況、伴う炭化材のあり方など多様であり、いくつかの類型化の可能性をはらんでいる。そこには、いくつかの機能、あるいは用途、構成および遺棄・廃棄をめぐる行動パターンを含んでいることを示唆する。

　これまで述べてきた石器群の通時間的な量的・質的変遷、分布の偏りなどを合理的に解釈しうるのは、われわれの方法論のみによるものではない。周辺諸科学分野との連帯は不可欠である。巨視的視点からの地形形態の変遷のみならず遺跡内の微細な地形や、例えば湧水などの遺跡の立地環境との因果関係も指摘されている（下原　2006、中山　2006）。いずれにせよ、結

論は旧地形の復元と台地の形成過程の詳細な分析結果を待ってからでも遅くはなかろう。

さて、われわれ考古学を方法論とする者は、遺跡・遺構・遺物から乖離して語を発することは出来ない。存在するモノの在り方から、あるいは存在しないという事実から論理を道筋に時空間を超越し、叙述するわけである。しかしながら近年に至り、拠って立つべき遺構・遺物の在り方そのものへの疑問が呈されている。論拠たる"遺跡"とは、いかにして形成され、またあるいはどの程度の「自然営力による変形」を受けたのか。遺物分布の解釈、原位置論の学問的な意義に対する、根本的な疑念である。この問いかけへ答えるためにも、下原・富士見町遺跡ではいわゆるジオアーケオロジー調査方法の実験的実践や、地質学を中心とした周辺諸科学分野との共同研究が進められている。今後の成果に期待されたい。

注
1) ここでいう「A層」「B層」は土壌層区分のA層、B層とは異なる。
2) IV層下部における礫群の細かなレベル差をひとまずは積極的に時間差として捉えた。ただし、最終的な結論は今後の課題といえよう。先述したように調査区内は大小複数の埋没谷が複雑に走っている可能性があり、それに起因すると考えられる旧地表面の微細な起伏も考えられる。今後、接合関係や地形の微細な起伏なども考慮に入れつつ、慎重な検討が必要となると考えられる。礫群に付随すると考えられる石器群についてもまた同様である。

参考文献
新井　悟　2006「立川段丘はどのように評価されてきたのか」『明治大学校地内遺跡調査団年報3』
新井　悟・石川博行・玉井久雄　2005「2-2　富士見町遺跡第1地点発掘調査の概要」『明治大学校地内遺跡調査団年報2』
小林達雄・小田静夫・羽鳥謙三・鈴木正男　1971「野川先土器時代遺跡の研究」『第四紀研究』10-4　日本第四紀学会
川辺賢一　2004「立川面の遺跡とその分布－府中市・調布市・狛江市の遺跡－」『第10回石器文化研究交流会発表要旨』

小池　聡　2006「調布市野水遺跡第1地点の調査」『「野川流域の旧石器時代」フォーラム－明治大学貼付付属校用地の遺跡調査から－』
下原裕司　2004「野川流域　武蔵野面の遺跡とその分布」『第10回石器文化研究交流会発表要旨』
東京天文台構内遺跡調査団編　1983『東京天文台構内遺跡』
中山真治 2006「立川面の旧石器時代遺跡 - その分布と古地形 - とくに府中市域を中心とした埋没谷地形と遺跡の分布・立地について」『「野川流域の旧石器時代」フォーラム－明治大学貼付付属校用地の遺跡調査から－』
野口　淳　2005「2-2　2地形と基本層序」『明治大学校地内遺跡調査団年報2』
三鷹市教育委員会・三鷹遺跡調査会編　1996『羽根沢台遺跡Ⅱ』三鷹市埋蔵文化財報告 18
三鷹市教育委員会・三鷹遺跡調査会編　2002a『天文台構内遺跡Ⅱ』三鷹市埋蔵文化財調査報告 23
三鷹市教育委員会・三鷹遺跡調査会編　2002b『下原B遺跡Ⅰ』三鷹市埋蔵文化財報告 24
三鷹市教育委員会・三鷹遺跡調査会編　2004『天文台構内遺跡Ⅲ』三鷹市埋蔵文化財調査報告 27
明治大学校地内遺跡調査団編　2004『明治大学校地内遺跡調査団年報1』
明治大学校地内遺跡調査団編　2005『明治大学校地内遺跡調査団年報2』
明治大学校地内遺跡調査団編　2006『明治大学校地内遺跡調査団年報3』

第2部 公開シンポジウム基調報告

基調報告2
調布市野水遺跡第1地点の調査

小池 聡

はじめに

野水遺跡第1地点の調査は、調布飛行場跡地で計画された東京都＜武蔵野の森公園＞事業にあたり、調布市遺跡調査会により実施されたものである。当該地は戦前から調布飛行場内であったために、長い間埋蔵文化財の有無が不明な空白地点であった。このため、公園計画で大きく造成を受ける「修景池」（調整池）部分を対象として、1999（平成11）年7月から8月と、9月から10月の二次にわたり確認調査が実施された。

その結果、縄文時代遺構・遺物群や旧石器時代遺物群が検出され、併せて野川支流により形成されたと推定される埋没谷が確認された。この結果を受けて、翌2000（平成12）年1月から4月まで本格調査が行われた。この本格調査では、立川ローム層下部にあたるⅨ層を中心として、当初の予想を遥かに上回る量の合計7,000点を越える多くの石器類が集中して出土し、注目を集める調査（川辺2000、2001、木下・河野・長瀬ほか2000）となった。

筆者は現地調査には参加していないが、出土品整理作業の一部と報告書作成作業にかかわることとなった。その調査成果について調査報告書（川辺・橋本・小池2006）に基づき報告を行いたい。

1. 遺跡の位置と立地

野水遺跡は調布市域の北西部、調布市西町地内（調布飛行場跡地内）に位置する。調布市は東京都の中央部南側にあたり、行政区画では多摩地区の南東部を構成している。

地形区分では多摩川左岸に展開する洪積台地である武蔵野台地上にあり、武蔵野台地の武蔵野面と立川面とを区分している国分寺崖線直下を東に流れる野川の右岸に発達した立川面に立地する。遺跡の立地している立川面は、

調布市野水遺跡第 1 地点の調査

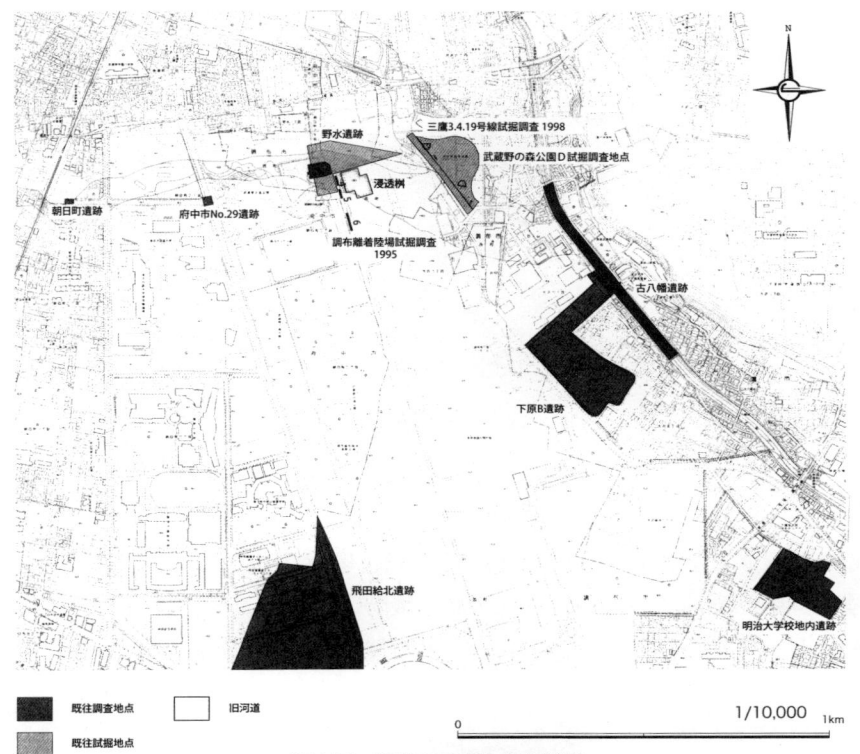

第 1 図　遺跡の位置と周辺遺跡

堆積する段丘の形成時期差で 3 面（立川第 1 〜 3 段丘面・Tc1 〜 3）に区分されているが、本遺跡はそのうち立川ローム層Ⅹ層以下が堆積する立川第 1 段丘（Tc1）面に立地し、調査範囲の南側には現在は埋没している谷が緩やかに蛇行しながら東西に横切っている。

　主要な旧石器時代出土遺物、特に第 4 文化層遺物群は、埋没谷に緩やかに張り出す斜面部に集中して出土した。遺物が集中出土するこの斜面は、浅間山東端から多摩霊園の南縁を通り、調布飛行場の北を通って野川の低地に至る松田・大倉氏により指摘された Tc1 崖線（松田・大倉 1988）と一致し、この埋没谷は野川支流の旧河道と推定される。

　調査地点の標高は約 44 m で、北から南に緩やかに傾斜している。層位の

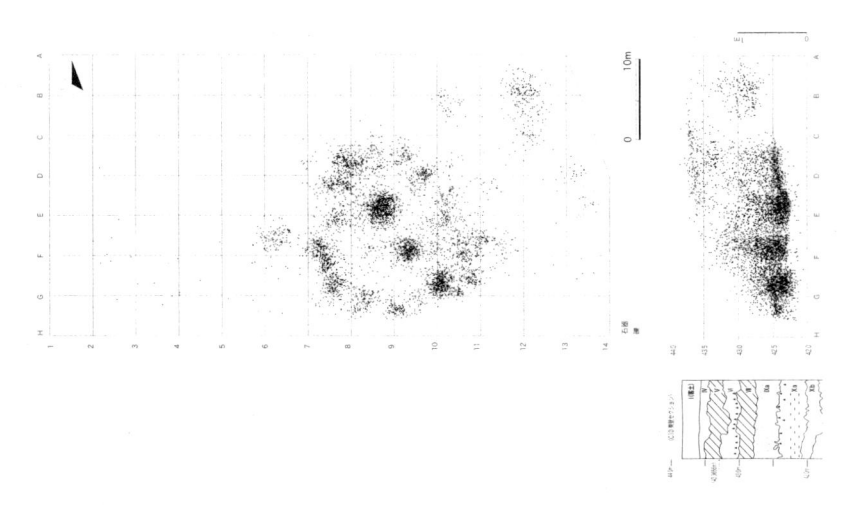

第 2 部　公開シンポジウム基調報告

第 2 図　出土全資料分布図

遺存状況は、立川ローム層Ⅳ層中以上が飛行場施設により削平されていた。また、Ⅸ層以下は水成堆積層でありⅨ層段階に離水し、一時的な河川増水や陸化を繰り替えるような状況であったと自然科学分析の成果から推定されている。

2. 検出された文化層と遺物群

　野水遺跡第 1 地点の調査では、近現代〜近世、縄文時代と旧石器時代の大きくは 3 時代の遺構・遺物群が検出された。各時代の概要に触れると、近現代〜近世では、江戸時代中期から昭和の溝状遺構・井戸址・土坑・柱穴等が検出され、陶磁器・ガラス瓶や機銃銃弾等が出土した。縄文時代では、炉穴・土坑・柱穴等が検出され、縄文時代早期から後期前半までの縄文土器群や石器類が出土した。

　そして、特に注目に値するのは立川ローム層Ⅳ層下部からⅨ層中で検出され、第 1 〜 4 文化層として認識された遺構・石器群（総点数 7,635 点、石器 5,422 点・礫 2,213 点）と野川支流により形成されたと推定される埋没谷の確認であろう。以下ではそれらの成果のうち旧石器時代各文化層の概要

表1　野水遺跡遺物組成

	kn	ax	cp	sc	pes	ha	ab	R·F	U·F	co	原石	f	c	r	計
第1文化層	2					3	1	1	4	6	2	74	2	512	607
第2文化層	1					4	3	2		14		227	1	17	269
第3文化層	29		1	1	2	2	1	17	12	25		460	4	23	577
第4文化層	12	25		1	1	192	2	25	11	483	6	3715	8	1582	6063
埋没谷	1					8		1	1	1		28		79	119
計	45	25	1	2	3	209	7	46	28	529	8	4504	15	2213	7635

表2　野水遺跡石器岩種組成

	ss	sh	qsh	ob	ch	ho	dio	gan	dia	ft	tu	qt	現れい岩	計
第1文化層	9		18	10	40	6				12				95
第2文化層	6		165	1	69	4				4	3			252
第3文化層	2	1	9	495	27	3				16	1			554
第4文化層	216	3	2042	11	1609	185	2	2	12	185	212	2		4481
埋没谷	9		5	5	7	12				1			1	40
計	242	4	2239	522	1752	210	2	2	12	218	216	2	1	5422

について述べたい。

1）第1文化層の概要

　立川ローム層Ⅳ層下部を中心に標高43.6～43.7ｍに集中して検出された。調査範囲の東側で石器ブロック5基、礫群5基と単独出土遺物3点からなる。

　出土石器は、ナイフ形石器2点、敲石3点、台石1点、二次加工痕を有する剥片1点、使用痕を有する剥片4点、石核6点、原石2点、剥片74点、砕片2点の合計95点である。黒曜石を主体とするナイフ形石器群と集中度の高い礫群が特徴的である。

2）第2文化層の概要

　立川ローム層Ⅴ層を中心として標高43.0～43.5ｍに集中する。調査範囲中央部に展開する石器ブロック3基、単独出土遺物1点、単独出礫17点と土坑1基が検出された。この土坑はⅩ層上面で確認されたが、坑底から出土した硬質頁岩製剥片が第1・2ブロックを構成する石器接合資料と接合関係を持つこと、覆土の自然科学分析から本文化層の所産と考えている。

　出土石器は、ナイフ形石器1点、敲石4点、台石3点、二次加工痕を有する剥片2点、石核14点、剥片227点、砕片1点の合計252点である。

第2部　公開シンポジウム基調報告

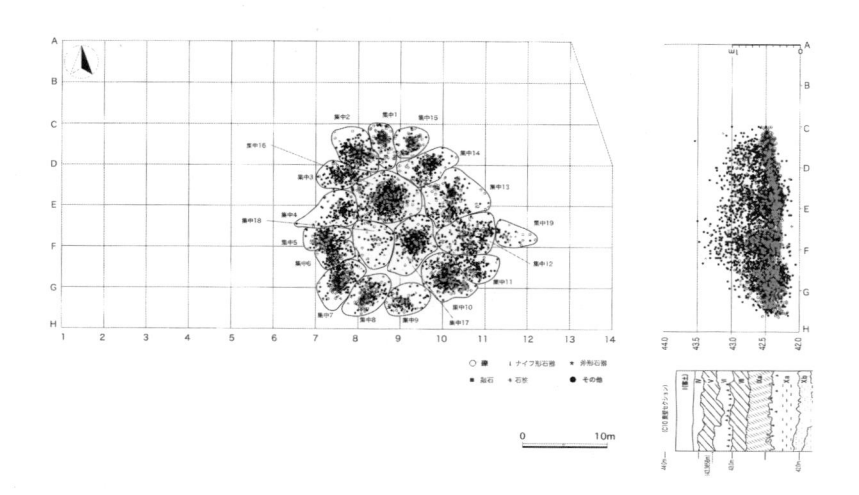

第3図　第4文化層出土全遺物分布図

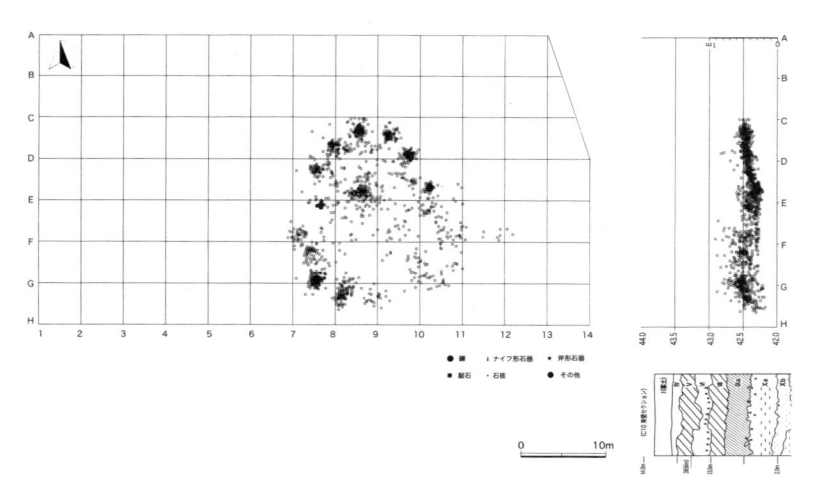

第4図　第4文化層礫分布図

3）第3文化層の概要

表3　第4文化層石器組成

遺構	kn	ax	cp	sc	pes	ha	ab	R・F	U・F	co	原石	f	c	r	計
遺物集中1	1					3			1	2		29		163	199
遺物集中2		1				7		1	2	16		226		103	356
遺物集中3		1				7		1	1	18		167		91	286
遺物集中4	1	1				5		1	1	11		114	1	65	200
遺物集中5	1					3				21	1	142		40	209
遺物集中6	1	1				8				14		160		66	250
遺物集中7	3	4				10	1	1		24	1	176		166	387
遺物集中8						17		1		26		95		111	250
遺物集中9		3				8		1		14		98	1	22	147
遺物集中10	1	3				19	1	5		83		506	1	43	662
遺物集中11		4				8				14		139	1	8	174
遺物集中12					1	22	2	2	2	41	1	214	1	41	325
遺物集中13	1	1				6		3	1	30	1	162		147	352
遺物集中14		4				7		2		21		128		162	324
遺物集中15						6			1	11	1	42		107	168
遺物集中16	2	2		1		38		3		88		839	1	196	1170
遺物集中17	1					7		3	1	38		405		23	479
遺物集中18						4			1	9		52		17	83
遺物集中19						7				2		21		8	39
遺物集中外														3	3
計	12	25	0	1	1	192	2	25	11	483	6	3715	8	1582	6063

　立川ローム層Ⅶ層下部を中心として標高42.7～43.0mに集中する。調査範囲中央部から東側の広範囲に展開する石器ブロック10基、単独出土遺物10点と単独出土礫23点により構成される。

　出土石器は、ナイフ形石器29点、礫器1点、スクレイパー1点、楔形石器2点、敲石2点、台石1点、二次加工痕を有する剥片17点、使用痕を有する剥片12点、石核25点、剥片460点、砕片4点の合計554点である。

4）第4文化層の概要（第3・4図、表3～5）

　立川ローム層Ⅸ層下部を中心として標高42.2～42.6mに集中する。本文化層6,063点の出土遺物は、調査区中央部あたりで埋没谷に向かって緩やかに張り出す斜面部に長径約28m、短径約25mの範囲に集中している。これらは石器と礫から構成され、その分布がほぼ重なって展開している。従来の「石器ブロック」と「礫群」として分離して捉えず、礫・石器両者を含む集中範囲を「遺物集中」として理解した。このように認識した遺物集中は19基を数える。これらの「遺物集中」の平面分布は環状ブロック群の構成を呈し、円環部に遺物集中1～15、外部に遺物集中19、中央部に遺物集中

第2部　公開シンポジウム基調報告

表4　第4文化層石器岩種組成

	ss	sh	qsh	Ob	ch	ho	dio	gan	dia	ft	tu	qt	計
遺物集中1	3		20		11					1	1		36
遺物集中2	8		41	1	186	3				9	5		253
遺物集中3	7	1	124		37					10	16		195
遺物集中4	7		43	1	39	35				9	1		135
遺物集中5	5		44		107	13							169
遺物集中6	9		47	1	106	18				3			184
遺物集中7	12		69		96	1		1	3	14	25		221
遺物集中8	15		77		34	5	1		1	1	5		139
遺物集中9	8		67		34	4		8		1	3		125
遺物集中10	21	1	265	1	254	6				15	56		619
遺物集中11	11		96		26	21				2	10		166
遺物集中12	20		39	1	212	10				1	1		284
遺物集中13	8		89	3	83	4				14	4		205
遺物集中14	6		76		13	3				16	48		162
遺物集中15	6		18		35					2			61
遺物集中16	49		617	1	208	15	1			66	16	1	974
遺物集中17	12		275	2	98	37				19	12	1	456
遺物集中18	4		34		13	6				2	7		66
遺物集中19	5	1	1		17	4		1		2			31
遺物集中外													0
計	216	3	2042	11	1609	185	2	2	12	185	212	2	4481

表5　第4文化層礫岩種組成

	ss	sh	qsh	Ob	ch	ho	dio	an	gan	dia	ft	tu	F.T	q t	QP	ap	礫岩	角閃岩	不明	計
遺物集中1	134	4			13	8	1				1			1		1				163
遺物集中2	84	4			8	6		1												103
遺物集中3	67	3	2		13	4			1							1				91
遺物集中4	51	1	1		7	4											1			65
遺物集中5	36	1	1							1										40
遺物集中6	55	4	1		5	1														66
遺物集中7	130	5	2		23	5											1			166
遺物集中8	85	4	1		9	9			1						1	1				111
遺物集中9	17	1			1	1			1								1			22
遺物集中10	35	1			1	4				1									1	43
遺物集中11	6				1	1														8
遺物集中12	34	1			3	3														41
遺物集中13	118	3	1		13	5			1			2		1			3			147
遺物集中14	139	4	2		12	5														162
遺物集中15	86	2	1		12	5											1			107
遺物集中16	159	2	1		13	18				1				1			1			196
遺物集中17	22					1														23
遺物集中18	13				1	3														17
遺物集中19	7				1															8
遺物集中外	2					1														3
計	1280	40	14	0	136	83	1	1	0	5	0	2	3	1	3	1	10	1	1	1582

16～18が分布しているように観察された。

　出土遺物は、ナイフ形石器12点、石斧25点（未製品を含む）、スクレイパー1点、楔形石器1点、敲石192点、台石2点、二次加工痕を有する剥片25点、使用痕を有する剥片11点、石核483点、剥片3,715点、砕片8点、

調布市野水遺跡第1地点の調査

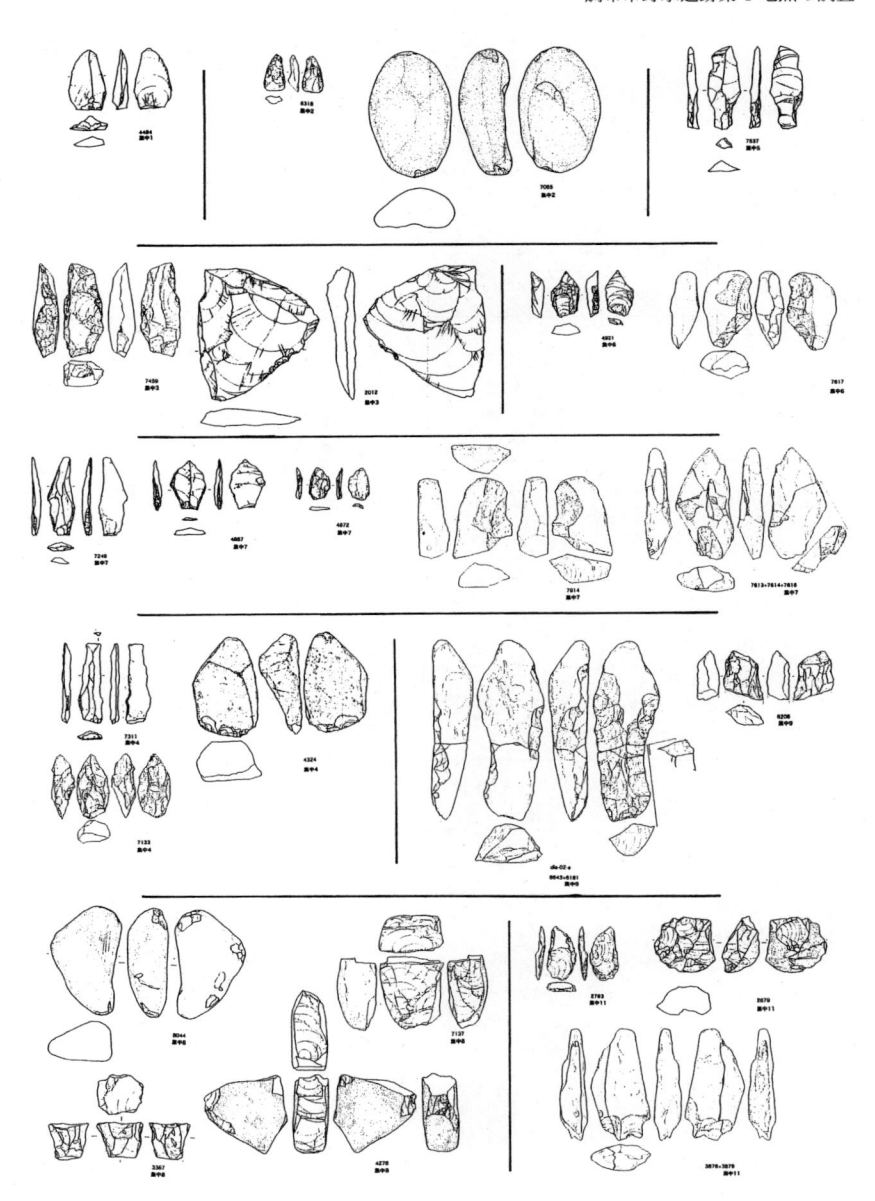

第5図　遺物集中別石器組成（1）

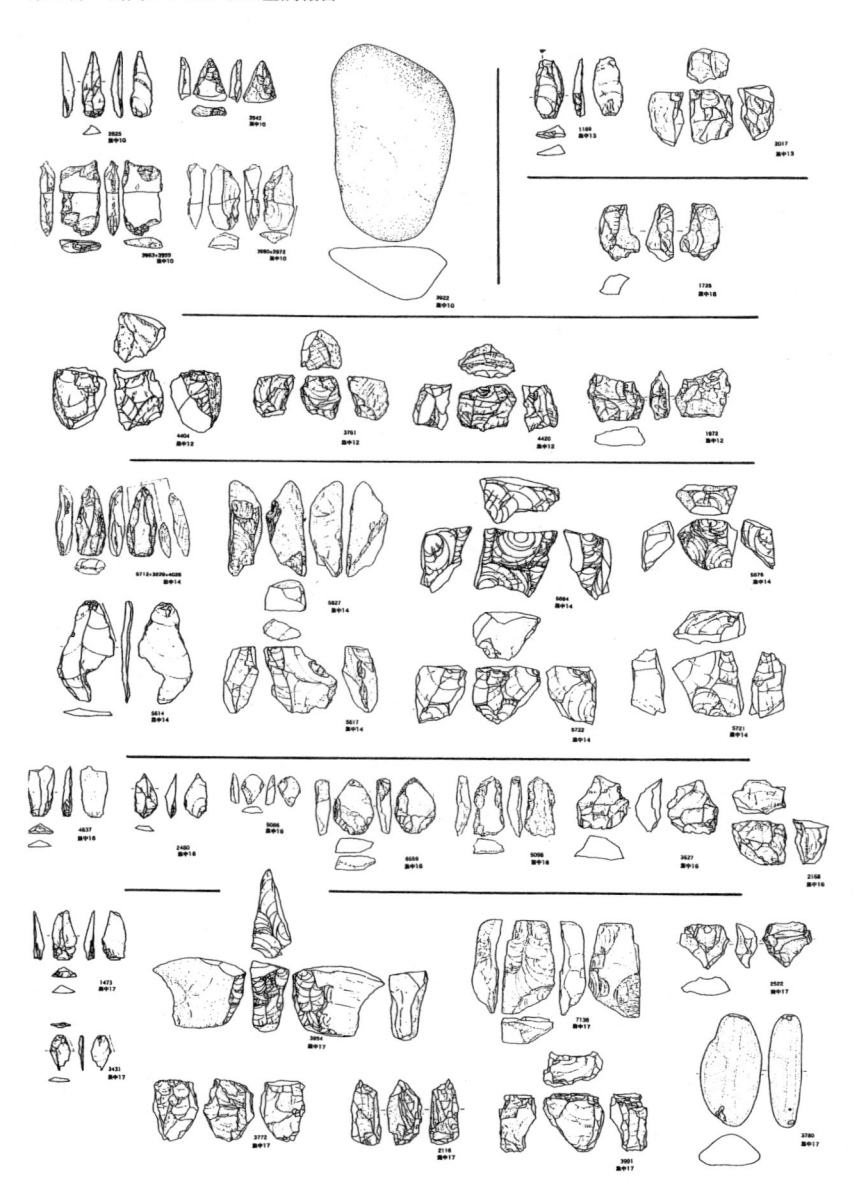

第6図　遺物集中別石器組成（2）

表6 第4文化層消費石材重量

岩種名	遺構	重量(g)	岩種名	遺構	重量(g)	岩種名	遺構	重量(g)
チャート	遺物集中1	121	硬質細粒凝灰岩	遺物集中1	1.5	中粒凝灰岩	遺物集中1	15.8
(ch)	遺物集中2	1412.6	(ft)	遺物集中2	84.8	(tu)	遺物集中2	35.2
	遺物集中3	312		遺物集中3	154.2		遺物集中3	579.5
	遺物集中4	400.9		遺物集中4	330.9		遺物集中4	0.3
	遺物集中5	1860.7		遺物集中6	156.4		遺物集中7	1201.9
	遺物集中6	1457		遺物集中7	139.7		遺物集中8	261
	遺物集中7	1783.5		遺物集中8	1.6		遺物集中9	186.6
	遺物集中8	1126.2		遺物集中9	17.7		遺物集中10	1038.5
	遺物集中9	920.5		遺物集中10	154.9		遺物集中11	151.3
	遺物集中10	3000.3		遺物集中11	12.4		遺物集中12	2.7
	遺物集中11	124.9		遺物集中12	70.5		遺物集中13	1284.3
	遺物集中12	3457.2		遺物集中13	447.9		遺物集中14	1458
	遺物集中13	2010.9		遺物集中14	175.6		遺物集中15	8.3
	遺物集中14	523.5		遺物集中16	666.3		遺物集中16	232.4
	遺物集中15	1100		遺物集中17	476.9		遺物集中17	87.9
	遺物集中16	2234.9		遺物集中18	21.3		遺物集中18	209.4
	遺物集中17	808.5		遺物集中19	45.6		計	6753.1
	遺物集中18	645		計	2958.2	砂岩	遺物集中1	387.7
	遺物集中19	88.8	珪質頁岩	遺物集中1	171.4	(ss)	遺物集中2	1894
	計	23388.4	(qsh)	遺物集中2	374.9		遺物集中3	1531.7
ホルンフェルス	遺物集中2	10.9		遺物集中3	2864.2		遺物集中4	1426.6
(ho)	遺物集中4	953.8		遺物集中4	915.2		遺物集中5	677.6
	遺物集中5	188.1		遺物集中5	1306.9		遺物集中6	2059.1
	遺物集中6	657.2		遺物集中6	654.4		遺物集中7	4689.3
	遺物集中7	26.1		遺物集中7	1233.9		遺物集中8	3118.9
	遺物集中8	598.8		遺物集中8	2547.2		遺物集中9	1775.8
	遺物集中9	115.6		遺物集中9	2889.8		遺物集中10	7221.5
	遺物集中10	102		遺物集中10	4963.1		遺物集中11	2866.6
	遺物集中11	2016.4		遺物集中11	1315.3		遺物集中12	6062.3
	遺物集中12	426.9		遺物集中12	644.3		遺物集中13	929.4
	遺物集中13	383.1		遺物集中13	1816.4		遺物集中14	1074.3
	遺物集中14	826.2		遺物集中14	1644		遺物集中15	1089.2
	遺物集中16	890.1		遺物集中15	326.6		遺物集中16	8300.5
	遺物集中17	122.7		遺物集中16	7166.8		遺物集中17	1719.5
	遺物集中18	276.3		遺物集中18	3842.2		遺物集中18	1150
	遺物集中19	631.4		遺物集中19	506.9		遺物集中19	2141.4
	計	8225.6		遺物集中19	144		計	50115.4
黒曜石	遺物集中2	1.4		計	35327.5	ガラス質黒色安山岩	遺物集中7	6.6
(ob)	遺物集中4	16.1	頁岩	遺物集中3	3.4	(gan)	遺物集中19	4.1
	遺物集中7	0.6	(sh)	遺物集中8	331.2		計	10.7
	遺物集中10	0.3		遺物集中10	145	輝緑岩	遺物集中7	789.8
	遺物集中12	1		遺物集中19	5.1	(dia)	遺物集中8	41.8
	遺物集中13	13.4		計	484.7		遺物集中9	2054.1
	遺物集中16	4.1	水晶	遺物集中16	0.7		計	2885.7
	遺物集中17	2.7	(qt)	遺物集中17	0.7	閃緑岩	遺物集中8	175.2
	計	39.6		計	1.4	(dio)	遺物集中16	252.8
							計	428

原石 6 点、礫 1,582 点の合計 6,063 点である。接合資料は 143 例で、接合資料は複数の遺物集中間で認められる。

　遺物集中を構成する礫は、いずれも拳大以下の小型礫が多く、完形率が高い。これらの礫の岩種は砂岩製礫が突出し、石器組成で突出する敲石[1]と同一石材が多い。礫には被熱して赤化していると推定される礫が含まれているが、従来指摘されている礫群を構成する礫とは異なる様相を呈している。

3. 第 4 文化層の諸様相
1）器種組成（第 5・6 図、表 3）

　第 4 文化層の器種組成は、ナイフ形石器 12 点、石斧 25 点（未製品を含む）、スクレイパー 1 点、楔形石器 1 点、敲石 192 点、台石 2 点、二次加工痕を有する剥片 25 点、使用痕を有する剥片 11 点、石核 483 点、剥片 3,715 点、砕片 8 点、原石 6 点、礫 1,582 点の合計 6,063 点である。石器組成は一見して、未製品を含む多くの石斧を含み、少量のナイフ形石器、スクレイパー、楔形石器などを組成する単純な石器組成を呈する。しかし、ナイフ形石器等の剥片石器製作に係ると推定される剥片と石核の組成量は卓越している。

　また、遺物集中ごとの組成をみると、敲石はすべての遺物集中に複数組成している。遺物集中 1・5・12・13・18 など石斧関連の資料を組成しない遺物集中があり、石器製作の場の選択も働いていた可能性がある。

2）石材消費（表 4 ～ 6）

　第 4 文化層の石材は、石器石材では珪質頁岩、チャートが最も多い。桁が異なり次いで凝灰岩、ホルンフェルスなどとなる。珪質頁岩、チャートはナイフ形石器やその他の剥片石器の素材石材で、凝灰岩、ホルンフェルスは石斧の素材石材として選択されている。

　従って、本遺跡内では珪質頁岩、チャートがナイフ形石器やその他の剥片石器の素材石材として最も多く消費されている。これらの石材は遺跡の立地する多摩川水系の在地石材とされる石器石材である。各個体別資料を観察すると、大型の礫核素材から剥片剥離を開始し、まさにガツガツ剥離作業を

調布市野水遺跡第1地点の調査

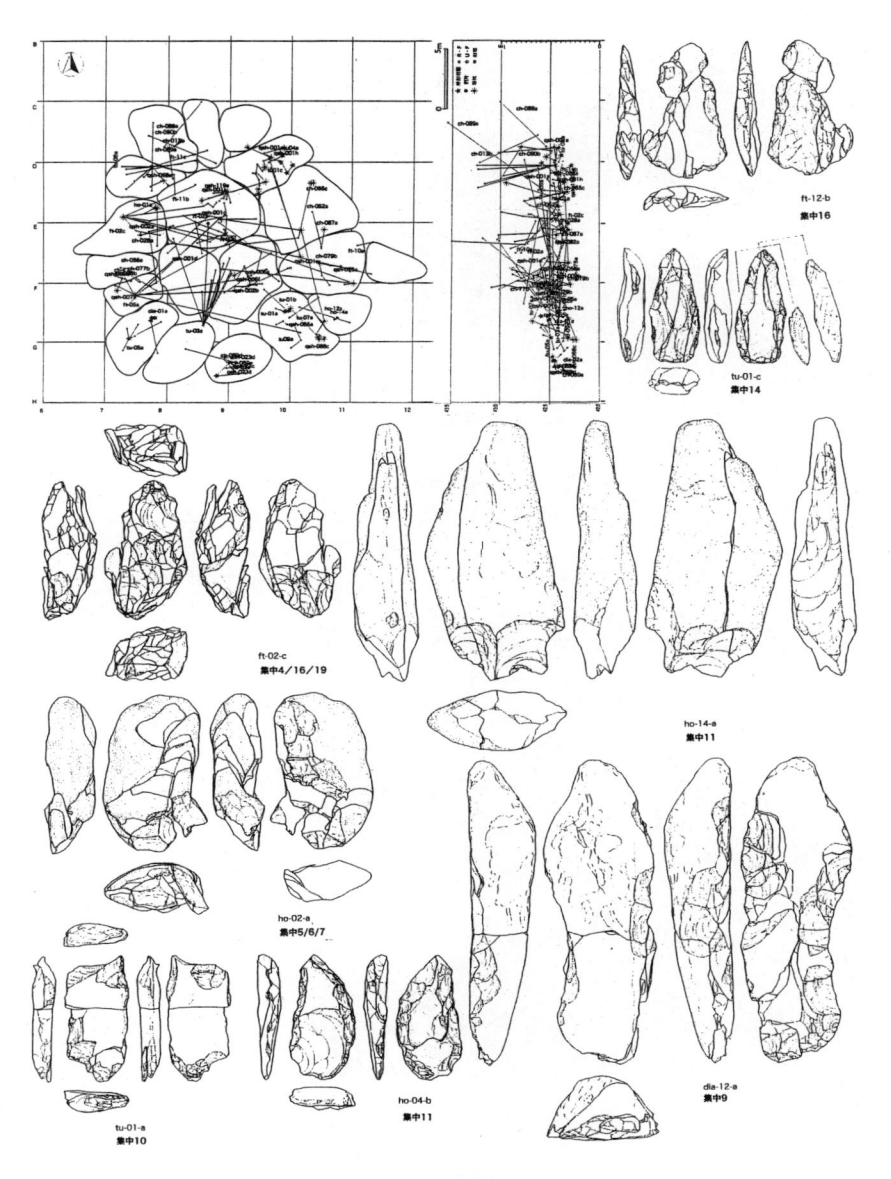

第7図　接合資料（1）

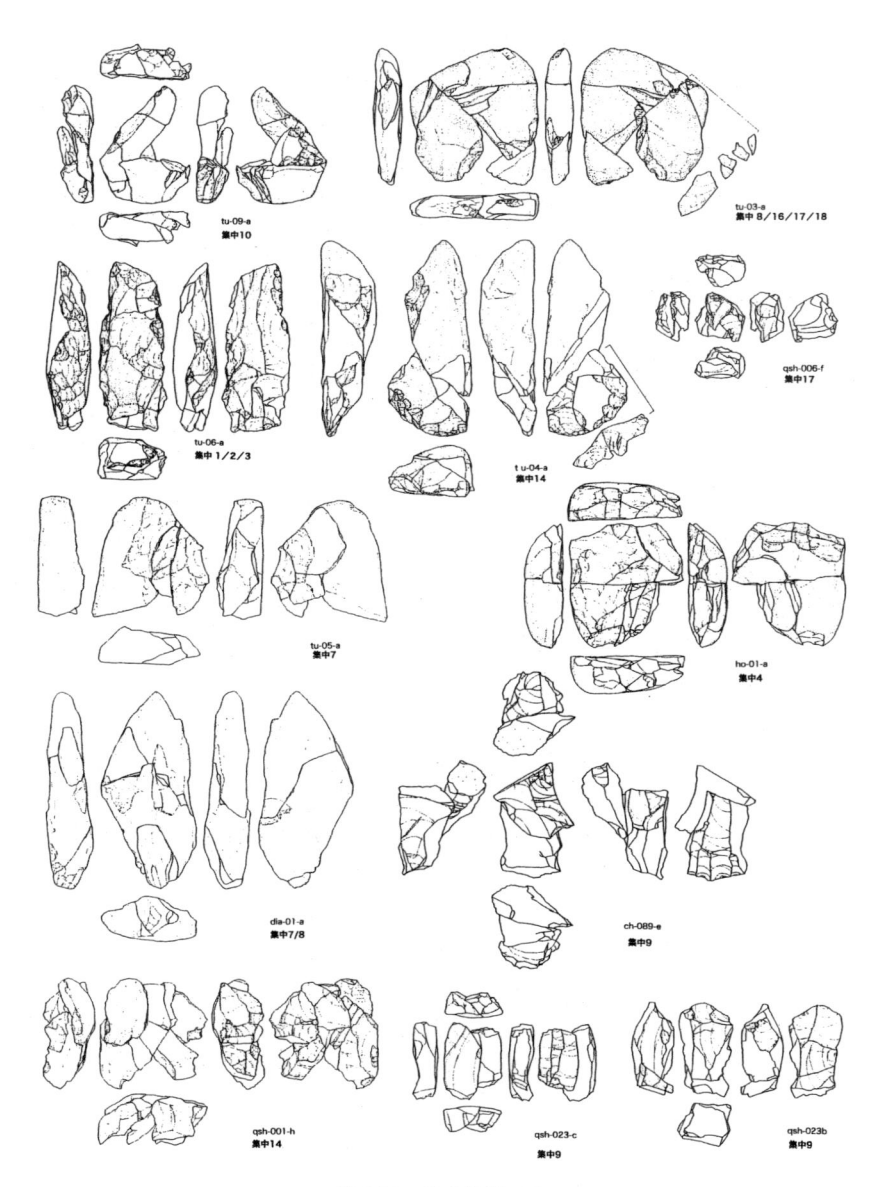

第 2 部　公開シンポジウム基調報告

第 8 図　接合資料（2）

進行させている状況が認められる。
　一方、礫石材は砂岩製礫が突出し、次いでチャート、ホルンフェルスである。礫石材では敲石と同一石材の砂岩が多い。この様相は石器製作に使用する敲石に砂岩が選択され、意識的に集中して組成していると推定される。

3）接合資料と石器製作（第7・8図）
　接合資料は143例が認められた。接合関係が複数の遺物集中間で認められ、遺物集中相互の同時性と剥片剥離作業の進行に伴う場の選択などの人的選択などが介在するように推定される。
　前述したように、遺物集中のすべてに敲石を複数組成し、剥片、石核を多く組成している。その中でも、遺物集中10・12や16は大量の剥片や石核を組成し、接合資料も多く、集中してナイフ形石器など剥片石器類や石斧の製作を行った遺物集中として位置付けられる。また、接合資料の中には、凝灰岩接合資料 tu-09-a・tu-03-a などは剥片石器の素材を獲得する剥片剥離と同一剥片剥離技術上に石斧製作が位置付けられるような接合資料が認められる。
　野水遺跡第1地点で確認された第4文化層石器製作の様相は、珪質頁岩・チャートを主体とするナイフ形石器などの剥片石器製作址と凝灰岩・ホルンフェルスを主要石材とした石斧製作址として捉えられるが、いずれも礫面を持つ剥片が存在し、珪質頁岩やチャートは大型の母岩から剥片剥離を行なっている様相が観察される。石斧製作接合資料にも礫面を全面に持つ大型礫から石斧製作を行っている。このことは、石器石材産地と直結した石器製作址と環状ブロック群の形成を裏付ける査証であろう。
　また、接合資料観察から確認される石斧製作には、大型礫核を加工して、重量のある大型製品を得るように、単一の礫核素材石斧を製作する工程と、比較的小型で扁平な円礫から剥片剥離して石斧素材剥片を獲得し、小型石斧を製作する工程が認められる。なお、大型の自然礫から石斧製作を行っている輝緑岩製接合資料 dia-02-a などの接合資料で被熱・赤化した剥片や石斧未製品が認められ、石斧製作に加熱処理が係っている可能性がある。

4. まとめ

　野水遺跡第1地点は、立川ローム層Ⅳ層下部からⅨ層下部までに4枚の文化層を確認した。出土遺物は総点数 7,635 点、石器 5,422 点・礫 2,213 点を数え、その規模・内容は近年調査された武蔵野台地上の旧石器時代遺跡、野川流域の旧石器時代遺跡の中でも、極めて大規模な遺跡として捉えられるであろう。

　本遺跡Ⅸ層下部の第4文化層は、石器 4,481 点、礫 1,582 点の合計 6,063 点と最大規模である。出土遺物群の分布状況は、複数の遺物集中が一定規模で環状に分布し、所謂環状ブロック群として捉えて良いであろう。環状ブロック群は列島規模では 100 例を超えて発見されているが、特に群馬県を中心とする北関東地方や下総台地で多く確認されている。本遺跡と同じ武蔵野台地上でも、東久留米市多門寺前遺跡Ⅸ文化層、東久留米市下里本邑遺跡A地点Ⅸ層、杉並区高井戸東遺跡Ⅸ層中文化層や西東京市田無南町遺跡で立川ローム層下部を中心として検出（笠懸野岩宿文化資料館　2005）され、武蔵野台地上にも集中している様相が窺えよう。その中で特筆すべきは、本遺跡第4文化層環状ブロック群はその全貌を抽出できるということであろう。

　更に、第4文化層環状ブロック群は、石器組成ではナイフ形石器・石斧を主要器種として多く含むが、その他の器種は少量含む単純な組成を呈している。しかし一方、その中でも剥片・石核・敲石の組成量は圧巻である。また、石斧接合資料やナイフ形石器などの剥片石器素材の剥片剥離を示す接合資料が豊富に認められる。このことから、本遺跡第4文化層は野川支流で低位段丘平坦面から谷部への緩斜面に形成された、石器石材の豊富な遺跡立地を背景とした一大石器製作址であったと理解されよう。本遺跡第4文化層のような環状ブロック群は、その背景に多摩川水系の豊富な石器石材が存在し、集中する石器製作址が集約して形成された結果であろう。

　本遺跡で確認された他の文化層も、規模の違いはあるものの第4文化層と同様に石器製作址と推定される。各文化層の遺物分布を観察すると、文化層の異なる段階でもあたかも回帰するかのように、同一占地することが窺え

るものであり、石材産地と石器製作の普遍的な関係が存在することが理解されよう。

おわりに

野水遺跡第1地点の調査成果について、出土品整理の一部と調査報告書の作成に係った関係から、調布市教育委員会・三鷹市教育委員会・明治大学校地内遺跡調査団により主催された「野川流域の旧石器時代」フォーラムに参加することになった。野水遺跡第1地点は、第4文化層を構成する環状ブロック群や石器群などその規模・内容ともに浅学な筆者には非常に荷が重い遺跡であるが、今後更に理解を深めて行きたいと考えている。

文末であるが、遅筆な筆者の原稿を辛抱強く待っていただいた編集諸氏には、深く感謝申し上げる。

注
1) 敲石の器種決定には明確な敲打痕や敲打による剥離痕または欠損が認められることを基準とした。敲石として識別していない第4文化層出土礫中には使用痕の問題を含むが、敲石原形が含まれている可能性はある。

参考文献
阿曽正彦　2005　「＜コメント＞野水遺跡出土の石器群について」『シンポジウム　立川ローム層下部の層序と石器群　予稿集』　明治大学校地内遺跡調査団
笠懸野岩宿文化資料館　2005　『第40回企画展　環状ブロック群－3万年前の巨大集落を追う－』
川辺賢一　2000　「市内最大・再古の旧石器時代の遺跡発見！」『調布の文化財』　第28号　調布市郷土博館
川辺賢一　2001　「調布市野水遺跡の発掘調査－市内最古の石器群の発見－」『調布史談会誌』第30号　調布史談会誌
川辺賢一　2005　「立川ローム層下部の遺跡と石器群1：立川面の様相（調布市野水遺跡）」『シンポジウム　立川ローム層下部の層序と石器群　予稿集』　明治大学校地内遺跡調査団

第2部　公開シンポジウム基調報告

川辺賢一・橋本真紀夫・小池　聡　2006　『都立武蔵野の森公園埋蔵文化財調査　－野水遺跡　第1地点－報告書』　調布市遺跡調査会

木下正史・河野重義・長瀬　衛・川辺賢一　2000　「1.調布市野水遺跡」『東京都遺跡調査・研究発表会26　発表要旨』　東京都教育委員会

小池　聡　2006　「基調報告2　調布市野水遺跡第1地点の調査」『「野川流域の旧石器時代」フォーラム－明治大学調布付属校用地の遺跡調査から－　講演会・公開シンポジウム資料集』　調布市教育委員会・三鷹市教育委員会・明治大学校地内遺跡調査団

佐藤宏之　2005　「環状集落をめぐる地域行動論－環状集落の社会生態学」『環状集落－その機能と展開をめぐって』　日本旧石器学会第3回講演・研究発表シンポジウム予稿集　日本旧石器学会

中村真里　2005　「立川ローム層下部の遺跡と石器群2：武蔵野面・野川源流部の様相」　『シンポジウム　立川ローム層下部の層序と石器群　予稿集』　六一書房

松田隆夫・大倉利明　1988　「立川段丘と凹地地形について－府中市周辺の立川面の区分－」『府中市郷土の森紀要』1　府中市教育委員会

2　野川・多摩川中流域の地形・古環境

シンポジウム会場　2006年7月16日

第2部　公開シンポジウム基調報告

多摩川水系発達史異説
－武蔵野変動仮説・古東京湖仮説から－

上杉　陽

はじめに

　ここでは「武蔵野人?」あるいは「立川人」の渡来、移住生活環境を考察するうえで、参考になると思われる「武蔵野変動仮説」、そこから派生した「古東京湖の満水と決壊仮説」、その延長線上にある多摩川水系発達史異説を紹介する。これらの仮説の論拠や由来は、関東第四紀研究会機関誌「関東の四紀」1号から28号までに掲載されているが、証拠は充分ではない。

　むしろ、ローム層研究・段丘研究の先進地であった武蔵野台地一帯が、その後の火山灰層序学的な研究から取り残され、今日的な水準で言えば、証拠不充分な地域となっていることから派生した「疑惑」に近い異説である。

1. 「武蔵野変動」仮説：古い海岸線の破壊・古い水系網の破壊争奪

　この仮説は1982年の地学団体研究会秩父総会で提唱された（安野・関東第四紀研究会　1982）。「最終間氷期が盛時を過ぎ、最終氷期に向かう頃に萌芽的に顕れ、最終氷期盛時以降に本格化し、今日に引き継がれる現在の特に平野部の地表形態を規定する新しい構造運動、即ち、小地塊毎の相対的な隆起沈降を伴う平野部の全般的な隆起運動」を重視し、これを武蔵野変動と呼ぶことを提唱した。この時期に富士山が誕生し、箱根火山は噴火形態を大きく転換している。その後，1982年以降の調査成果を付加して、「今日の海陸境界、高度分布、平野部水系網の大勢を決定した新しい構造運動」として、再度、強調されている（上杉ほか2001）。

　1970年代以降のプレートテクトニクス・プリュームテクトニクスのグローバルな蓄積を尊重するなら、この変動が南関東のみのローカルなもので

あるはずはなく、世界的な構造変革の一環と考えられる。人々の生活環境は、地球規模で大きく変わり、移動・渡来, 技術革新を促進したと思われる。

2.「古東京湖の満水と決壊」仮説：概略のシナリオ

今日、多くの方々が武蔵野変動を「総論」としては認めているが，それから派生した「古東京湖の満水と決壊」仮説（上杉ほか2001）については、当然ながら異論百出、百家争鳴状態にある。

しかしながら、この仮説は多摩川水系の発生やそこへの人々の移動集中を考える上で重要と思われるので、概略のシナリオを紹介する。

1) 浦賀水道はなかった？

今から13万年前頃の高海面期（下末吉海進期:S期）に今日の東京湾から鹿島灘にかけて大きな海域（古東京湾）があった。ここには鹿島灘？九十九里浜一帯と現東京湾口の浦賀水道に出口（湾口）があったことになっている。

そのうちの浦賀水道部分には出口がなかった、そこには三浦脊梁山地と房総脊梁山地を繋ぐ狭い稜線（以下、浦賀ダムと略）があり、東京湾地域は古東京湾の一番奥（最湾奥）だった可能性がある。今日で言えば、カテガット海峡の奥のバルト海のさらに奥のフィンランド湾にあたるような地域だった可能性がある。

2) M1時代には古東京湾は排水不良となりローム台地は水に漬かった？

下末吉海進の盛時が過ぎると、武蔵野台地では、当初はS2面（杉原ほか1972；加藤・新堀1973）、後にM1面（羽鳥ほか2001）と称される時代になる。小原台埋没土層OB形成時までに転々と離水し、最終的に風送陸上堆積型の小原台軽石OPに覆われて固定される時代である。古東京湾口に当たる鹿島灘？九十九里一帯は隆起閉塞しはじめ、世界的な海面（基準面）停滞低下期であるにもかかわらず，湾内水位は停滞し，武蔵野変動の影響で環東京湾地域の地盤が傾動沈降するため，ローム台地は水に浸かり、湛水地化が始まる。この地域で、「水つきローム」とか、「何々粘土層」などと称され

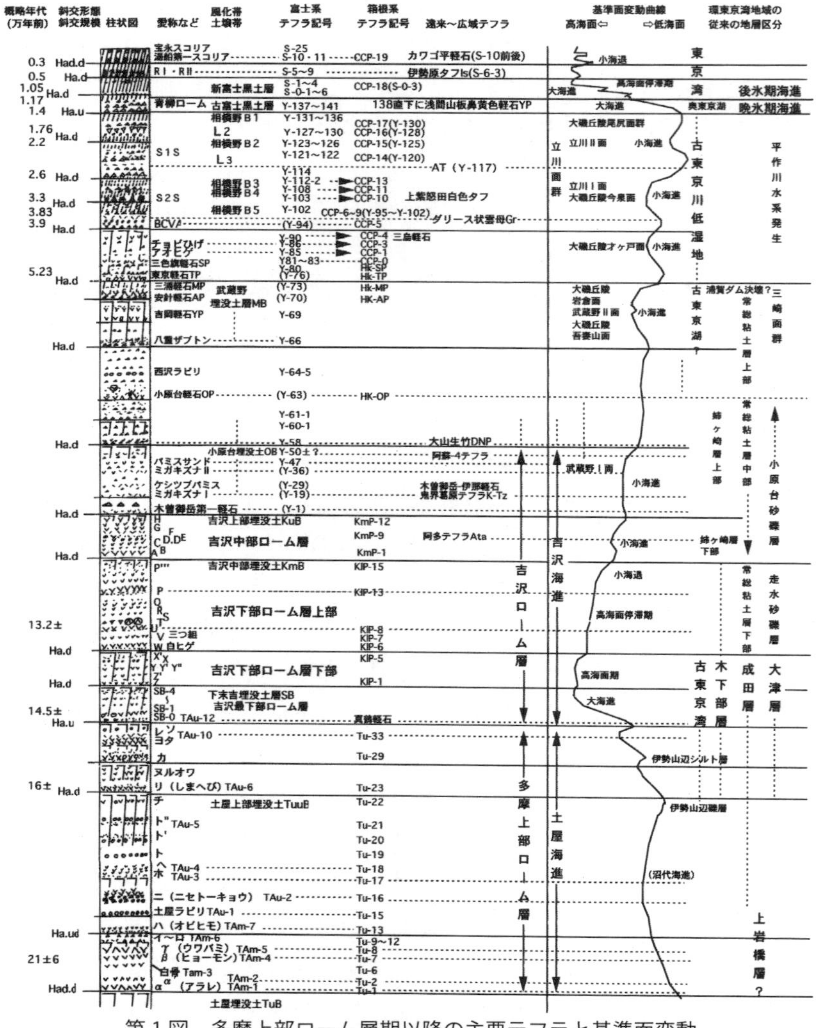

第2部　公開シンポジウム基調報告

第1図　多摩上部ローム層期以降の主要テフラと基準面変動

出典：新井ほか（1977）、磯ほか（1975,1981）、上杉（1976,1990）、上杉・木越（1986）、上杉ほか（1978,1980,1992,1993,1998a,b,1999,2000a）、蟹江ほか（1977）、関東第四紀研究会（1987）、菊地（1981）、町田（1971）、町田・新井（1992）、町田・鈴木（1971）、町田・松島（1976）町田ほか（1974）

るローム層の一部は、本来は風送陸上堆積型のローム層で、後から水に漬かった「後漬けローム」である可能性がある。この地域で段丘面区分が曖昧なのは、そうした事情もあると思われる。後漬けロームを区別してこなかった点は、立川ローム層についても同様である。

3) M2時代には古東京湖が発生し水系の転換が始まった？

　武蔵野台地で、当初はM1面、後にM2面と称される時代、つまり，武蔵野埋没土層MB形成期前半の水成層の堆積期（下から吉岡軽石YP、安針軽石AP、三浦軽石MP降下時）には鹿島灘？九十九里浜方面からの排水はさらに困難となり、現東京湾水域は，塩分濃度も下がり、古東京湾湾奥部というよりも、むしろ、大きな湖状態（古東京湖）になっていた可能性がある。

4) M3時代に古東京湖は満水となり、浦賀ダムが決壊した？

　武蔵野台地で、当初はM2面、後にM3面と称される時代、つまり，武蔵野埋没土層MB後末期の水成層の堆積期（東京軽石TP降下以前、三浦軽石MP降下以降）には古東京湖は満水となり、浦賀水道部分が決壊し、湖底および現多摩川水系、現荒川水系、旧利根川水系、養老川水系などの膨大な土砂が浦賀水道南側の東京海底谷一帯を深く削り込み、海底乱泥流となって流れ下り、相模舟状海盆（相模トラフ）に広大な深海扇状地を形成した可能性がある。

　東京軽石TP降下時には、湖水面は急降下し古東京湖は消滅し海底峡谷に直結する急勾配の古東京川が発生していた。武蔵野台地などの古東京湖周辺台地は削り込まれ、台地面は、一挙に乾陸化する．武蔵野台地が本格的に離水段丘化するのはこの時期である。

5) M4時代には古東京川は急勾配で、現陸上部では地形面は伏在する？

　東京軽石TP降下後、BCVA（Y-94番テフラ：概略4万年前）降下以前の時代、世界的に広く分布する概略4～5万年前の亜間氷期の段丘面形成期（M4期）、つまり、羽鳥ほか（2001）で武蔵野立川移行期とした時代には、

急勾配の古東京川水系(現多摩川水系、現荒川水系、旧利根川水系、養老川水系など)では浸食が卓越し、土砂を厚く堆積することができなかった。ほとんどの地域で一つ後の亜間氷期に対応するいわゆる3万年段丘(立川段丘群)に覆われ、地下に伏在する。嶋田ほか(1996)によると、現荒川水系の王子付近の沖積低地下で発見された埋没段丘面を構成する上部水成層は4万年前のものと推定されている。もし、この時代に古東京川水系に漂着渡来した旧石器人がいたとすると、その人々の遺跡集中域は下流部、海底下に伏在している可能性がある．

6) Tc1時代には奥東京湖?があった?

その後、房総半島脊梁部・浦賀水道地域・三浦半島脊梁部の隆起と東京湾側への傾動および東京湾奥部の沈降により、古東京川は内陸に向けて傾動し、横浜港?東京港?千葉港一帯に奥東京湖?的な停滞水域が発生していた可能性がある。このため、概略3万年前の亜間氷期の堆積物は、古東京川?浦賀水道を通じて、東京海底谷に即座に排出されることを免れ、M4面を覆って、数m規模の堆積物で構成される堆積面、即ち、立川1面(Tc1面)を形成した。

7) 縄文海進で東京湾地域は10数万ぶりに海域となった?

概略1.4-1.0万年前の晩氷期海進時(東京湾では七号地海進時)には、古東京川沿いに海水が侵入したが、古東京川水系の大量の河川水に押し負けて、塩水は、ほとんど、遡上できなかった。後氷期に入り縄文海進(東京湾では有楽町海進)が始まると、海水が浦賀水道から大量に侵入し、奥東京湾部分をも含めて現東京湾地域は10数万年ぶりに海域となった(遠藤ほか1983)。

3. 多摩川水系発達史異説

武蔵野台地は青梅を主扇頂とする多摩川の扇状地であるという説がある。扇状地である以上は、河道が自由に北西不老川方向に向かったり、南東現多

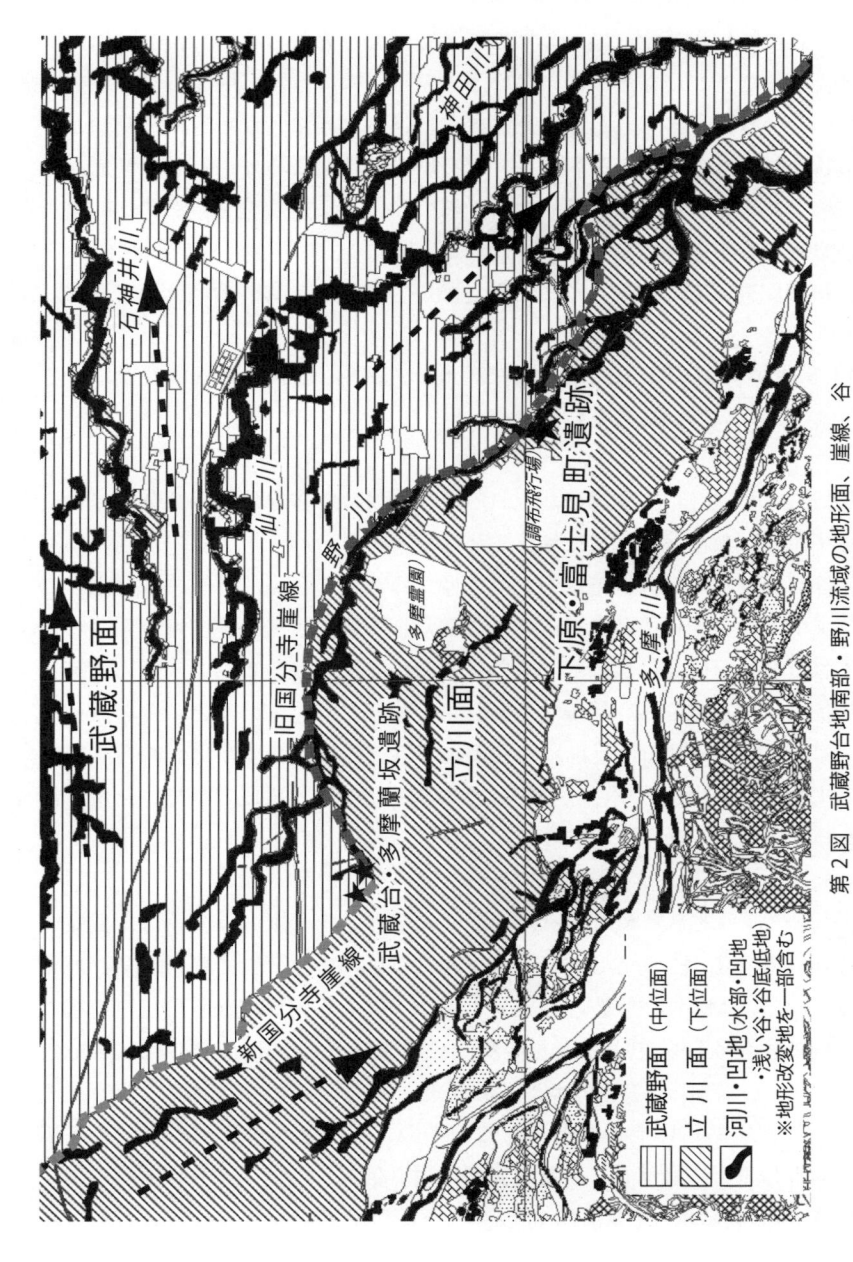

多摩川水系発達史異説－武蔵野変動仮説・古東京湖仮説から－

第2図 武蔵野台地南部・野川流域の地形面、崖線、谷 原図：国土地理院数値地図25000（土地利用条件））
（点線矢印は谷の概略の走向方向）

摩川方向に振れたりするのは当然のことで何の不思議もない、現多摩川の方向は、たまたま、現在そうなっているというだけで、特に問題視する事柄ではないという説がある。しかし武蔵野台地は、本当に昔から青梅を扇頂とする扇状地だったのか？　そもそも、どういう条件が揃っていたら、河道が自由に移動できる「真正扇状地」と言えるのか？　実態調査も自然科学的な実験観察も全く不十分である。

　今後の調査研究の参考となることを願い、以下に、異説を紹介しておく。

　1）S期からM1期には、関東平野西縁の諸河川は東ないしは北東に、つまり、古東京湾方向に流下していた。

　2）M2期になると、羽鳥ほか（2001）によれば、多摩川水系（久が原台）、目黒川水系（目黒台）、荒川水系（赤羽台・本郷台）で、上記の方向の旧河道にほぼ直交する現東京湾に向かう北西から南東に流下する水系が発生している。久が原台や目黒台を構成する砂礫が、青梅の上流の奥多摩水系から供給されたという確証はない。つまり、当時の多摩川が、青梅の南側の草花丘陵？狭山丘陵を結ぶ古い稜線を切断して、南西に流れていたという確証はない。M2期の古多摩川（仮称）は青梅までは達しておらず、上記の丘陵の南側の平井川、秋川、浅川、大栗川などの諸河川のみで構成されていた可能性がある。

　3）武蔵野台地と多摩川沿岸の立川面の境界となる国分寺崖線は、武蔵国分寺が立地する国分寺市より下流側のより屈曲に富んだ古国分寺崖線（M2後期ないしはM3期には存在した）と府中市都立府中病院から瑞穂町箱根ヶ崎に到るより直線状でより新しい新国分寺崖線（Tc期形成？）に区分できそうである。新国分寺崖線はほぼ同方向に併走する立川断層群に関連する断層崖起源である可能性がある。この場合、奥多摩から青梅に到り不老川筋を流下し荒川に合流していた古奥多摩川（仮称）の河床が立川断層（山崎1978）の活動により、箱根ヶ崎以東（下流側）で隆起してしまい、通過が

急激に困難となり、結局、南東に流れを変え、古多摩川に合流し今日の新多摩川水系となった可能性がある。

4）以上のように、かつては東に流れていた武蔵野台地の諸河川は、国分寺崖線より西側つまり上流側を順次失っていった。上流からの土砂・砂礫と水を失うと言うことは、新たな石器石材の供給停止と飲料水の急減、動植物資源の喪失激変を意味する。武蔵野台地で暮らす人々は、下流荒川側に移住するか、上流に向かい国分寺崖線を超えて、新たに発生した古多摩川水系あるいは新多摩川水系に移住集中するか、選択しなければならなかった。特に古国分寺崖線下の野川流域一帯は、水理学的・微気候学的に立地条件が良く、移住が集中しやすかった可能性がある。

参考文献

新井房夫ほか　1977　「南関東における後期更新世の指標テフラ層」『第四紀研究』16（1）、19-40

磯　望ほか　1975　「大磯丘陵土屋ローム層上部の浮石層に含まれる黒曜石のフィッション・トラック年代」『日本第四紀学会1975年度一般研究発表会講演要旨集』（4）、7

磯　望ほか　1981　「大磯丘陵中期更新世テフラのF・T年代と鉱物的特徴」『日本第四紀学会講演要旨集』（11）、83

上杉　陽　1976　「大磯丘陵のテフラ」『関東の四紀』（3）、28-38

上杉　陽　1990　「富士火山東方地域のテフラ標準層序－その1」『関東の四紀』（16）、3-28

上杉陽・木越邦彦　1986　「富士黒土層の^{14}C年代」『火山』31、265-268

上杉陽ほか　1978　「下末吉埋没土層の時代について」『関東の四紀』（5）、10-21

上杉陽ほか　1980　「富士山東麓の古期テフラ累層」『自然と文化（平塚市博物館研究報告）』（3）、33-46

上杉陽ほか　1992　「富士系火山泥流のテフラ層位」『関東の四紀』（17）、3-33

上杉陽ほか　1993　「いわゆる立川期のテフラ年代」『関東の四紀』（18）、1-16

上杉陽ほか　1998a　「吉沢ローム層最下部～下部の標準柱状図」『関東の四紀』（21）、3-18

上杉陽ほか　1998b「神奈川県伊勢原断層トレンチで検出された縄文中期軽石質火山灰」『日本第四紀学会講演要旨集』（28）、78-79

上杉陽ほか　1999　「小田原市久野「子供のもり」公園造成地露頭の火山灰層序額的な意義」『神奈川県温泉地学研究所報告』31、16-30

上杉陽ほか　2000　「多摩中部ローム層－標準柱状図－」『関東の四紀』（22）、3-38

第 2 部　公開シンポジウム基調報告

上杉　陽ほか　2001　「仮説「古東京湖の満水と決壊」」『関東の四紀』(24)、3-20.
遠藤邦彦ほか　1983　「関東平野の＜沖積層＞」『アーバンクボタ』(21)、26-43.
蟹江康光ほか　1977　「三浦半島東部、横須賀付近の第四系」『地質学雑誌』83、157-168
加藤定男・新堀友行　1973　「いわゆる武蔵野段丘について」『地球科学』27 (1)、24-34.
関東第四紀研究会　1987　「大磯丘陵の層序と構造」『関東の四紀』(13)、3-46
菊地隆男　1981　「常総粘土層の堆積環境」『地質学論集』(20)、129-145
嶋田　繁ほか　1996　「東京低地、王子付近の埋没立川段丘の地質層序と形成年代」『第四紀研究』35 (4)、325-332.
杉原重夫ほか　1972　「武蔵野台における関東ローム層と地形面区分についての諸問題」『第四紀研究』11 (1)、29-39.
羽鳥謙三ほか　2001　「多摩川流域と武蔵野台地の地形」『多摩川流域の段丘形成と考古学的遺跡の立地環境』、比田井民子編、とうきゅう環境浄化財団、25-71 頁
町田　洋　1971　「南関東のテフロクロノロジー（I）」『第四紀研究』10 (1)、1-21
町田洋・新井房夫　1992　『火山灰アトラス』、東京大学出版会、1-276
町田洋・鈴木正男　1971　「火山灰の絶対年代と第四紀後期の編年」『科学』41、263-270
町田洋・松島義章　1976　「下末吉海進初期の古環境に関する若干の資料」『第四紀研究』15 (3)、136-140
町田洋ほか　1974　「南関東における第四紀中期のテフラの対比とそれに基づく編年」『地質学雑誌』83 ( )、302-338
安野　信・関東第四紀研究会　1982　「南関東地域の地質と構造」『地学団体研究会第 6 回総会シンポジウム資料集』、154-155.
山崎晴雄　1978　「立川断層とその第四紀後期の運動」『第四紀研究』16 (4)、231-246.

多摩川の流路変遷と野川・多摩川間の地形の変遷
―― 立川段丘の区分に関連して ――

久保純子

はじめに

　本稿では立川段丘の区分を再検討するとともに、下原・富士見町遺跡および周辺の遺跡の時代と、それらの当時の環境を考えてみたい。まず、立川段丘の研究史の概観をし、次に立川1面と2面の細分についての問題点について述べ、最後に、立川1面の形成された時代（「酸素同位体ステージ3」の時代であると考える）の多摩川沿いの環境について考察する。本稿は2006年3月16日の「野川流域の旧石器時代」フォーラムでの講演記録に加筆修正したものである。

1. 立川段丘の研究史

　立川段丘の研究史を少し古いところからたどってみると、1960年代の関東ローム研究グループも活動していたときに、「地理学評論」という雑誌に多摩川の段丘に関する研究論文（寿円1965）が発表された。ここには多摩川の段丘面区分という図が示されている（第1図）。この論文では多摩川沿いの段丘を立川面、青柳面、拝島面等の名称で区分した。寿円（1965）の立川面は、狭山丘陵をはさんで北東側に続くものと、南側の現在の多摩川沿いに続くものに分かれていることが示された。

　そのすぐあとの岡崎（1967）では、青梅から羽村にかけての立川段丘で、多数のハンドボーリングによりローム層の厚さの分布が調べられた。140cmの調査用具だったためそれより深いところは不明だが、この範囲において、ローム層の厚さに非常に変化があるということがわかった。このあたりでは同じ立川段丘面でもローム層の厚さが1m未満のところもあれば

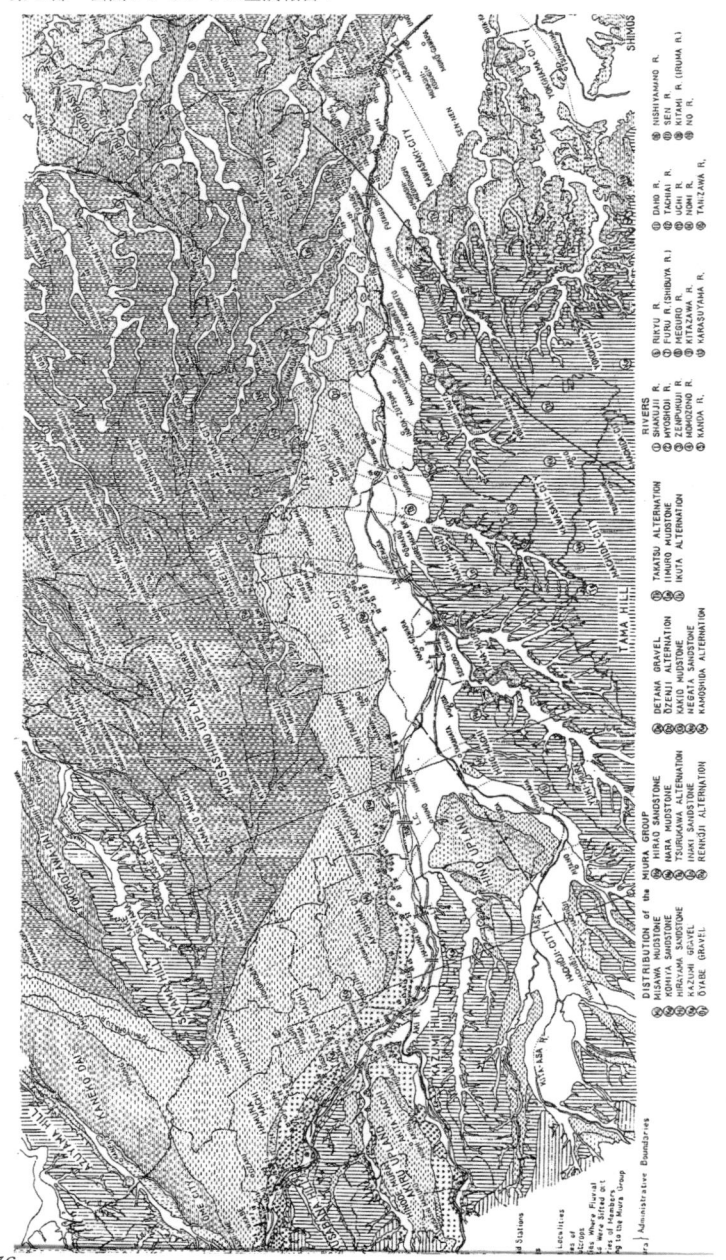

第2部　公開シンポジウム基調報告

第1図　多摩川に沿った段丘面区分図（寿円 1965）

1.4m 以上のところもみられた。そしてこの時の結論は、この付近の立川段丘は扇状地起源のため、当時の流路の部分と中洲の部分の起伏が表現されているというものであった。

一方、野川遺跡では（寿円 1965 の図でも立川段丘上に位置する）、礫層までのローム層の厚さがさらに厚くなる。小林ほか（1971）では、野川遺跡の立川面には 5m に達するローム層がある、ということが指摘された。すなわち、同じ立川段丘でも、ローム層の厚さが青梅周辺では 2m 未満だが、野川では 5m あるということになる。ローム層の厚さがこれほど変化するのは不思議であると、小林ほか（1971）の中で羽鳥謙三が指摘した。

同じく第四紀研究の野川遺跡の特集号において、町田ほか（1971）は、地形的には立川段丘はひと続きにみえるものの、ローム層の厚さが上流では薄く下流では厚いということから、立川面が細分される可能性がつよい、という指摘をした。町田ほか（1971）では立川段丘を二つに区分し、ローム層が厚い立川ローム全層をのせる段丘と、上流側の立川ロームの上部層をのせるだけの、つまりローム層の薄い段丘に分けた。そして、野川遺跡のある下流部のローム層の厚い段丘を「立川Ⅰ面」と呼んだ。ここで強調しておきたいのは、「立川Ⅰ面」は丸子橋付近から下流で現在の多摩川沖積平野との比高がなくなり、埋没段丘となるという指摘をしたことである。さらに、1971 年時点では「丹沢軽石」、現在我々が AT と呼ぶ火山灰の指摘を行った。これは立川ローム層全層のうちの中央部に入ると述べた。これに対し、調布より上流側の立川面はローム層が薄く、別の面であると説明された。二つの面がどこで区分されるか、はっきりとは図示されなかったが、「府中・調布のあたりで細分される可能性が高い」、と述べている。

その後、立川断層の論文として発表された山崎（1978）では、寿円（1965）の図では武蔵野面と立川面の間の段丘崖にされていたところで、どちら側もローム層の厚さは同じで、断層で変位したことを明らかにした。さらに、狭山丘陵の北側で立川面と呼ばれていた部分を「立川 3 面」とし、狭山丘陵の南側は立川 2 面とした（第 2 図）。立川 3 面というのは寿円（1965）の青柳面と同一の段丘であるとされた。残念ながら、山崎（1978）の図では

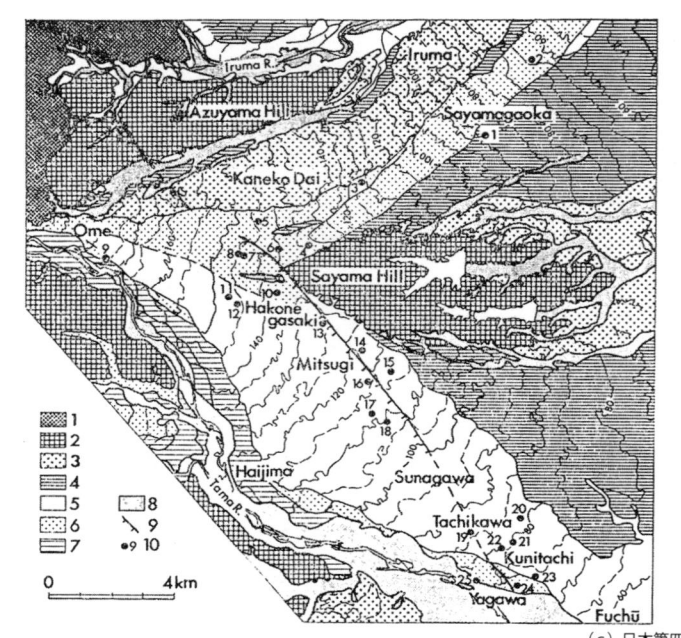

第 2 図　武蔵野台地西部の地形（山崎 1978）
（c）日本第四紀学会

凡例：1.山地、2.丘陵、3.下末吉（S）面、4.武蔵野（M1・M2）面、5.立川（Tc2面）、6.青柳（Tc3）面、7.完新世段丘面、8.沖積面、9.断層、10.露頭

野川遺跡の部分が含まれていないが、立川2面と3面についてが整理されたといえる。

　ここまでのところをまとめると、以下のようになる。立川段丘は青梅付近から世田谷の丸子橋で沖積面と同じ高さになるまで、地形的にはひとつづきの面に見える。ところが、ローム層の厚さを見るとかなりの差があり、野川遺跡では5m近い厚さがあるのに、上流の青梅のあたりでは2m、場所によっては1m程度の厚さしかない。通常、ローム層の厚さは、段丘面がちがえば厚さも年代も違うと思われていたのに、立川面の場合は地形的にその境界である段丘崖が分からなかったということになる。下流の世田谷で沖積面に埋没してゆくところは、上流からどのように連続するのか、立川1面なのか2面なのか、山崎（1978）の図では上流部のみで読みとることができなかった。

2. 立川段丘の区分

　ローム層の厚さと地形面の整理をもう一度しておきたい。山崎（1978）の中に柱状図がいくつか示されている。それぞれのローム層の厚さと年代を見てゆくと、立川2面とされたものは2m程度の厚さのローム層があり、その下は礫層である。また、AT以外にもガラス質の火山灰層が確認され、黒ボクのすぐ下にUG（立川ローム層上部火山ガラス濃集層）という層準が示された。立川2面でもATのガラスが認められているが、必ず出てくるのではなく、段丘面が離水した直後の、まだ水の影響を受けているときにATが降下したものと述べた。これに対し、立川3面ではローム層の層厚は1m程度で、UGがかろうじてある程度である。そこで、山崎（1978）のこの区分を、野川遺跡の小林ほか（1971）に示された羽鳥謙三による柱状図にあてはめてみる。羽鳥の柱状図のうち、上ゲ給・吉沢・下野毛など、下流部の立川段丘にはAT（火山ガラスのピーク）がみられ、2m以上のローム層がのる。それにたいし、西府ではローム層の層厚が薄くなり、ATのガラスのピークもみられない。立川1面、2面、3面と分けると、ローム層の厚さもだいたい対応するようにみえる。

　さらに、府中周辺で松田ほか（1990）は多数のボーリングデータを集め、ローム層の厚さを調べた。それによれば、浅間山の北側にローム層が3m以上の厚い部分がある。このため、浅間山付近を境界として、北側を立川1面、南側を立川2面に区分した。この区分に従えば、下流で沖積面に埋没していくものは立川2面ということになる。

　著者も同様の作業をおこなった（KUBO 2002）。ボーリングデータでローム層の厚さをみると、たしかに浅間山の北側は4m以上のところが多いことがわかるが、下流側にも3、4mというところが認められた。ボーリングデータによる区分のため、露頭での観察や遺跡のトレンチで確認した厳密なものではないが、KUBO（2002）では上流側を立川2面、下流側を立川1面と考えた（第3図）。

　なぜこのように区分したかというと、立川1面というものの性格に関わるためである。著者が立川1面とした続きは、二子玉川付近で沖積面に埋

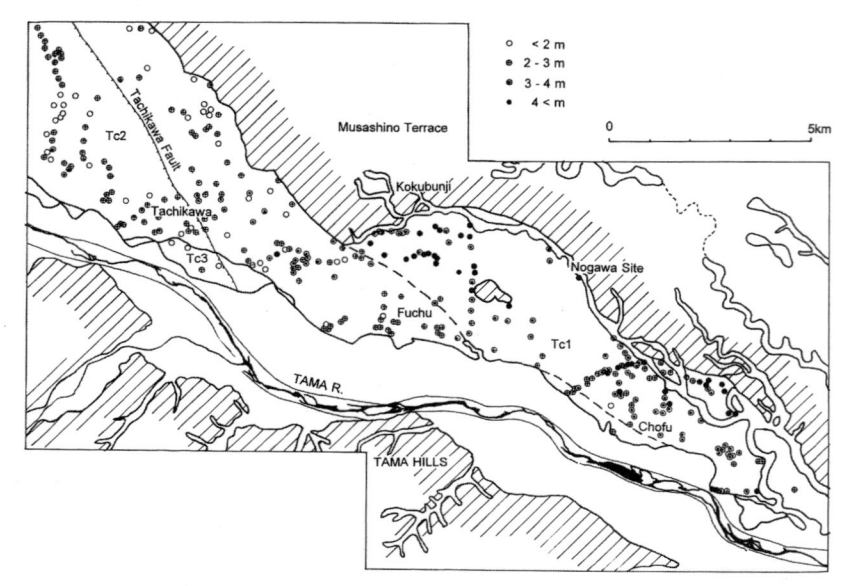

第 2 部　公開シンポジウム基調報告

第 3 図　ボーリングコアによるローム層厚と立川面の区分（Kubo2002）

没してゆく。その続きをボーリングデータで確認すると、沖積層の下にローム層が認められるものがある。この分布はかなり広く、ローム層も 3 m ぐらいあり、立川 1 面の続きと考えられる。さらに、もう少しローム層が薄い面もあり、立川 2 面の続きと考えている。

3.　立川 1 面の時代について

　下流に広い平野が続くのが立川 1 面であるというのは、相模川での調査結果（久保 1997）をふまえたものである。相模川の河口は水深の深い相模湾に面しているため、相模川は海面変化の影響を受けやすいといえる。相模川の下流の埋没段丘を調べた結果、著者のいうところの立川 1 面が埋没段丘として広く分布していることが明らかとなった。下流部に広い平野ができる時代と、狭く谷を掘る時代というのは、それなりに環境が違うはずである。河川の下流部が狭い谷を掘っていく時代というのは海面が下がっていく時期であり、逆に平野がひろく広がっていた時代というのは、海面が安定してい

た時期であろう。

　最近の海面変化曲線の一例を示すと、13万年前位は下末吉期という海面が高かった時代（間氷期）で、そのあとが武蔵野期である。立川段丘の時代というのは、5万年前位から2万年前位になる。海面が一番下がった約2万年前は、川の下流は深い谷を削っていた。ところがその前に、海面がマイナス70～80m位で上下している時代があった。そういう時代には川は下刻してゆく必要はないため、平野が水平方向に広がることができ、下流部に広い段丘面ができたものと考えられる。

　これまでは、下末吉期、武蔵野期、立川期というような時代名称を使用してきたが、深海底の微化石やグリーンランドの氷床などの調査結果などと比較しても、同様の変化が見られるということが分かってきた。近年は「酸素同位体ステージ」という、温暖期は奇数（1や5など）、寒冷期は偶数（2や4など）の番号で呼ぶこともおこなわれている。酸素同位体ステージ3の時代というのはステージ2と4の寒冷期の間のやや長い期間であり、下流の広い埋没段丘に連続する立川段丘は、この酸素同位体ステージ3の時代につくられた平野であろうと考えている。

　第4図は「旧石器研究」に掲載された町田（2005）の図であり、立川・武蔵野ローム層の編年を整理して描き直されたものである。この図では、AT火山灰は海底堆積物の酸素同位体比で見ていくと、ちょうどステージ2とステージ3の境界付近に位置している。その年代は（年代の話はやや複雑になるが）、昔から言われているC14年代（未較正）では21000～22000年（炭素年）とされてきた。しかし、さきほど示した気候変化曲線を、地球の公転軌道計算からでた年代観にあてはめていくともう少し古くなり、最近の町田説では28000～29000年位（暦年）とされている。町田（2005）は、立川ローム層と武蔵野ローム層の境界のクラック帯を、約50000年前のやや暖かい時代と考えている。

　以上のように、立川1面というのは、酸素同位体ステージ3の、氷期の中でも海面がやや高いところにとどまっている時代に多摩川の下流部につくられた幅の広い面であり、立川2面というのは、ステージ2の寒冷化により、

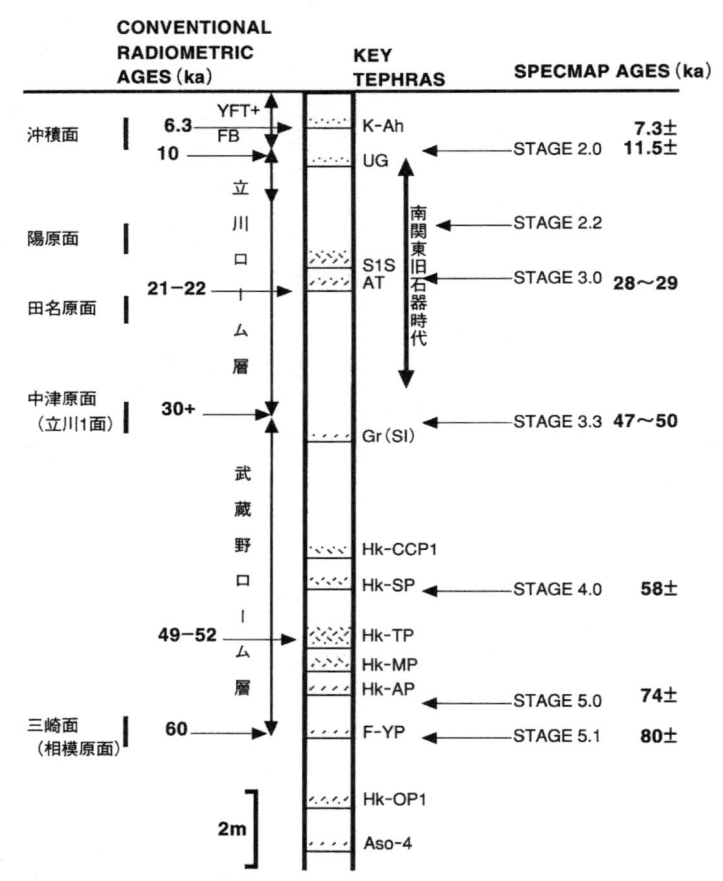

第４図 立川－武蔵野ローム層についての新旧の編年の比較とまとめ（町田 2005）

海面が大きく下がった時代の多摩川のせまい河谷（段丘）ととらえたい。そしてその境界は、AT が降下した頃と考えている。

4. ステージ３の時代の多摩川

最後に、立川１面の時代、つまりステージ３の時代の野川周辺の環境はどうだったのかということを考えてみたい。立川１面からは多数の遺跡が見つかっている。いずれも AT より下のロームをのせているということで、

上記の区分でいえばステージ3に含まれる。

　酸素同位体ステージ3という時代はくり返しになるが、海水準がやや安定していた時代であり、川は谷を掘る必要がないため、下流部では平野が広がっていた。つまり、埋没段丘としての立川1面が広く分布する。立川2面は、ATの降下後、最終氷期の最寒冷期（LGM）に海面が下がり、川が狭い谷を掘っている時代のものである。立川3面は、海面が一番下がった時代の少し後で、おそらく多摩川の場合は相模川のように河口のすぐ沖合が海溝（トラフ）ではないため、海面の最低下期から川が下刻するまで若干のタイムラグがあったのかもしれない。年代的にもLGMよりは少し後であろう。

　そこで、明治大学の遺跡を含む野川の遺跡の時代は、以下のような時代ではないかと思っている。相対的に長い期間、多摩川が下刻をせずに側方移動をしているような時代で、そこでは氾濫原に洪水が来なくなってから人びとが住むようになった。これまでは、野川沿いの崖線の湧水周辺だけに遺跡があったと思われていたが、立川面上の各地から遺跡が確認されるようになった。今後の予想でいえば、埋没段丘として下流側へ続いていく面の上からも遺跡が確認されてもいいと思っている。

　最後に、イメージ写真のようなものをお見せしたい。第5図は、モンゴルのカラコルム（チンギスハンが都をおいたところ）のすぐそばを流れるオルホン川の写真である。ここでは河道が幾筋にもわかれる網状流路という形態を示している。河道の周辺には、幾筋にもわかれた流路の跡が残っている。中央部の色が濃く見えるところは、おそらく流路の跡に湧き水が流れているところであろう。第5図はモンゴルなので木が生えていないが、ステージ3の時代の関東平野は、江古田（武蔵野台地）の針葉樹化石が示すように、針葉樹林があったといわれている。

　多摩川が次第に側方に移動していき、平野には昔の流路跡が残り、そこには湧き水が流れ、針葉樹もあちこちに生えていたであろう。このようなところでは、武蔵野面との境界の国分寺崖線の下だけでなくても、湧水などの近くにキャンプや集落ができ、下流の埋没段丘面からも遺跡が発見されるのではないか…と予想している。

第5図　網状流路（モンゴル・オルホン川）

参考文献

岡崎セツ子　1967　「立川段丘西端部のローム層の厚さの分布とその堆積状態」『地理学評論』40

久保純子　1997　「相模川下流平野の埋没段丘からみた酸素同位体ステージ5a以降の海水準変化と地形発達」『第四紀研究』36（3）　日本第四紀学会

久保純子　2005　「野川〜多摩川間の立川面の地形形成」『シンポジウム「立川ローム層下部の層序と石器群」予稿集』

KUBO, S.　2002　Buried Tachikawa Terraces in the Lower Tama river Plain corresponding to Marine Isotope Stage 3. Geographical Reports of Tokyo Metropolitan University. 37.

小林達雄・小田静夫・羽鳥謙三・鈴木正男　1971　「野川先土器時代遺跡の研究」『第四紀研究』10（4）　日本第四紀学会

寿円晋吾　1965　「多摩川流域における武蔵野台地の段丘地形の研究（1）（2）」『地理学評論』38（9）（10）

町田　洋　2005　「日本旧石器時代の編年：南関東立川ローム層の再検討」『旧石器研究』1

町田　洋・鈴木正男・宮崎明子　1971　「南関東の立川、武蔵野ロームにおける先土器時代遺物包含層の編年」『第四紀研究』10（4）

松田隆夫・大倉利明・坂上寛一　1990　「武蔵野台地南西部における立川面の細分と層序」『日本第四紀学会発表要旨集』

山崎晴雄　1978　「立川断層とその第四紀後期の運動」『第四紀研究』16（4）

下原・富士見町遺跡の立川礫層

中井　均

はじめに

　下原・富士見町遺跡の位置する場所は、今から4万年ほど前は多摩川の川原であり、砂礫が流されては堆積する場であった（久保2006）。この堆積した砂礫の層を立川礫層という。立川礫層は南関東の代表的な河成段丘礫層として知られているが、堆積学的な検討が充分におこなわれているとは言い難い。私の報告のテーマは、このような砂礫がどこから流されてきたか、どのように運ばれてきたか、どのようにしてこの場にたまったか、を紹介することである。この調査は明治大学付属校建設前におこなわれている考古学調査の一環であり、立川礫層が建物の支持基盤となっていることから、残念ながら、調査は立川礫層の上部に限られている。調査はまだ継続中であるが、現時点までに判明したことを紹介する。

1. どこで、何を調べたか

　調査の中心となった地点はT164拡張区である（第1図）。またD8グリッドでも礫試料を採集した。T164拡張区ではピット南東側面の地層を観察し、ピット全体の写真撮影・スケッチなどをおこなった。さらに、ピットの底面に見られる礫に番号をつけて採集し、個別に写真撮影・大きさ・重さ・円磨度・破砕の程度を計測して岩石種を決定した。また写真をもとに礫表面の傾斜方向を測定した。D8グリッドではトレンチ北東側壁の立川礫層を観察し、礫層上面から下50cmのところで、上下30cm×水平1mの範囲の、トレンチ表面の礫を採集した。礫の採取・写真撮影、大きさ・重さ・礫表面の傾斜方向の測定は調査団が、円磨度・破砕の程度は上杉陽氏が、岩石種の決定は

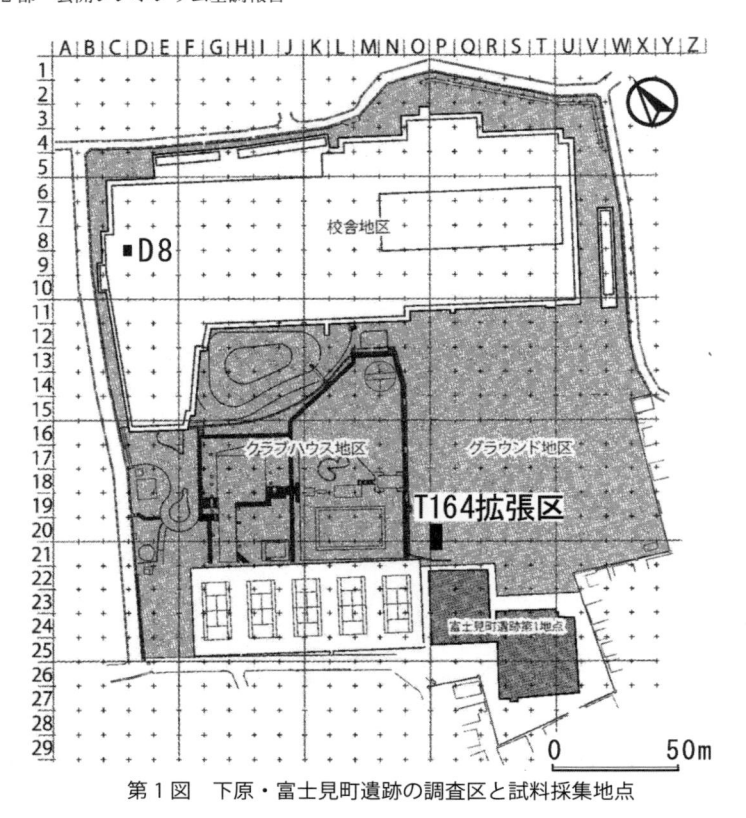

第 2 部　公開シンポジウム基調報告

第 1 図　下原・富士見町遺跡の調査区と試料採集地点

中井が担当し、全体のとりまとめは中井がおこなった。

2. 調査地点の立川ロームと立川礫層

　調査地点の地層は、考古学的に、上位からⅡa層・Ⅱc層・Ⅱd層・Ⅲ層・Ⅳa層・Ⅳb層・Ⅳc層・Ⅴ層・Ⅵ層・Ⅶ層・A2層・A3層およびそれ以下の"水つきの堆積物"（A4層・A5層）と立川礫層に区分される（新井ほか、2005）。Ⅱa層・Ⅱc層・Ⅱd層は黒土、Ⅲ層・Ⅳa層・Ⅳb層・Ⅳc層・Ⅴ層・Ⅵ層・Ⅶ層はローム、A2層は後付ロームおよび湿性土、A3層は乾陸土である。

　またテフラ層としては1〜18層に区分し（上杉・上本 2005）、さらに今

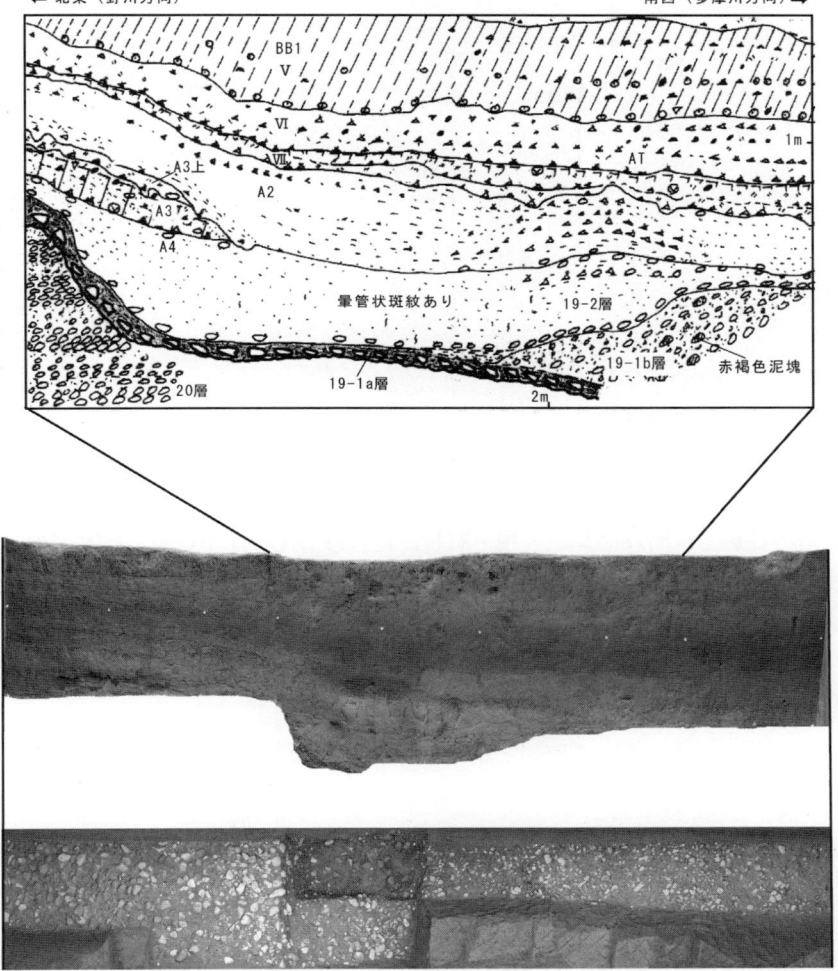

第 2 図　T164 拡張区の層序

回の調査で、18 層以下を 19-2 層・19-1b 層・19-1a 層・20 層に細分した（第 2 図）。19-2 層は"水つきローム"・湿地性堆積物、19-1b 層・19-1a 層および 20 層が立川礫層である。考古学的区分とテフラ層区分の対応を表 1 に示す。

19-1b層はグリッドの南西側を占め、赤い壁土状の泥の塊を含む砂泥質基質の礫層である。北東側へ緩やかに傾斜したラミナが見られる。19-1a層は、20層を切って、それを覆うように、厚さ数cmから30cmほどで分布する泥基質の礫層である。20層は立川礫層の本体にあたる砂基質の礫層で、所々にレンズ状・層状に粗粒砂層を挟んでいる。礫や砂層はほぼ水平に堆積している。20層にもわずかながら赤い壁土状の泥の塊が認められる。20層の下限は未調査のため不明である。

表1　下原・富士見町遺跡の考古土層／テフラ土層の対比

考古学的区分	テフラ層区分	標準テフラ層区分・キーテフラ			
Ⅱa層	1層		S-22?		
	2層		S-15～21?		
Ⅱc層	3層	Y-141?	S-0～14	KGP?	
	4層				
	5層				
	6層				
Ⅱd層	7層	Y-137-3～139?			
	8層	Y-137-1～2			
Ⅲ層	9層	Y-132群?～136?			
Ⅳa層	10層	Y-130群?～131群?	CCP-17?		
Ⅳb層	11層	Y-128?～129群?	CCP-16?		
Ⅳc層	12層	Y-123?～126	CCP-15?		
Ⅴ層	13層	Y-121群?～122群?			
Ⅵ層	14層	Y-118～119?	CCP-14?	AT	
Ⅶ層	15層	Y-114～115			
A2層	16層	Y-112?	CCP-13?		
	17層	Y-109?			
A3層	18層	Y-108?			

3.　礫種から礫の供給源を推定する

　立川礫層の礫には、細礫岩・粗～細粒砂岩・泥岩・砂泥互層・チャート・緑色岩・酸性凝灰岩・ヒン岩・石英閃緑岩・ホルンフェルスが見いだされた。

1）礫種構成

　19-1a層と20層について礫種構成を調査し、第3図の結果をえた。第3図では礫混じり粗粒砂岩と細礫岩をあわせて「砂礫岩」とし、砂泥互層を「泥岩」に含め、またヒン岩と石英閃緑岩をあわせて「石英閃緑岩」と表記している。19-1a層の礫はT164地点から採集し、調査礫数は420個である。20層の礫はT164地点およびD8地点から採集し、調査礫数は149個である。

　調査地点の立川礫層の礫は、多いものから順に、砂岩・チャート・砂礫岩・泥岩・ホルンフェルス・緑色岩・酸性凝灰岩・石英閃緑岩である。砂岩礫は

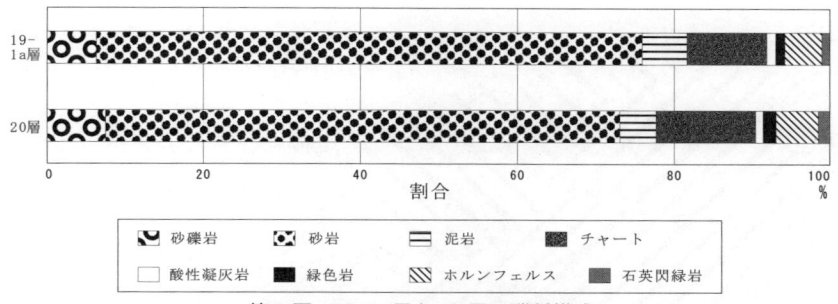

第3図　19-1a層と20層の礫種構成

粗粒から中粒でワッケ質のものが多く、一部に四万十帯小仏層に特徴的な片状の砂岩が認められた。砂岩礫の割合は19-1a層で70％、20層で65.8％であった。チャートは暗灰色～灰色のものが中心で赤色・灰緑色のものが少量認められる。チャート礫の割合は同じく10.2％と12.8％である。砂礫岩の割合は6.2％と7.4％で、おもにチャート礫からなる礫岩がごく少数認められる。泥岩礫の割合は5.5％と4.7％、ホルンフェルスは砂岩・泥岩・砂泥互層を起源としたもので、その割合は4.8％と5.4％である。緑色岩礫の割合は1.2％と2％で、中～古生界の玄武岩質凝灰岩（一部は溶岩）と考えられる。帯緑灰色で細粒の酸性凝灰岩礫が1.2％と2％、石英閃緑岩などの火成岩礫が1％と1.3％であった。20層の測定礫が少ないものの、19-1a層と20層で大きな違いは認められない。

2) 川の作用と川原の礫の関係―礫種―

　川は、一般に、上流では急流となってＶ字谷をつくり、谷壁や河床を浸食して礫を生産する。他方、下流では、河床の傾斜が緩やかになるとともに幅広い氾濫原をつくりだして礫を堆積させる。多摩川の川原の礫も上流に分布する岩石に由来し、多摩川本流、秋川・浅川など多くの支流から流されてきたものである。多摩川の河岸段丘礫層である立川礫層の礫にもこのことはあてはまり、下原・富士見町遺跡の礫は、この地点から上流に分布する岩石に由来し、多摩川本流、秋川・浅川など多くの支流から流されてきたものである。

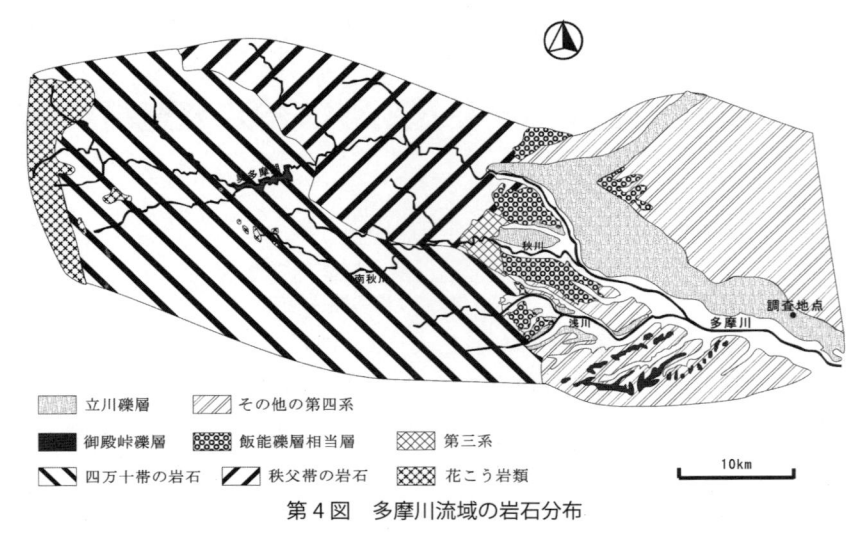

第2部　公開シンポジウム基調報告

第4図　多摩川流域の岩石分布

凡例：
- 立川礫層
- その他の第四系
- 御殿峠礫層
- 飯能礫層相当層
- 第三系
- 四万十帯の岩石
- 秩父帯の岩石
- 花こう岩類

多摩川の流域では、永年の地質調査の結果、第4図のような岩石分布が知られている（尾崎ほか2002、酒井1987、坂本ほか1961）。多摩川本流の奥多摩湖付近と秋川本流を結ぶ線の北東側の関東山地は秩父帯に属し、古生代後半から中生代中頃（約3億年前から約1億5千万年前）の砂岩・泥岩・礫岩・チャート・緑色岩・石灰岩などが分布する。その南、多摩川本流の最上流部から北秋川・南秋川・浅川などの支流域は四万十帯に属し、おもに中生代後半（約1億5千万年前から約7000万年前）の砂岩・泥岩・礫岩が分布し、少量のチャート・石灰岩・緑色岩が存在する。また多摩川本流（丹波川）最上流部と、支流の小菅川・南秋川の最上流部（三頭山）には石英閃緑岩などの火成岩があり、周辺の岩石（四万十帯の岩石）がホルンフェルスとなっている。さらに五日市盆地には第三紀中新世の泥岩・砂岩・礫岩・凝灰岩が分布するが、中〜古生代の岩石と比較すると分布面積がせまく、岩石も軟らかいものが多いことから、調査地点（下原・富士見町遺跡）の礫の供給源として重要性は低いと推定される。また関東山地周辺の丘陵地には第四紀の礫層（飯能礫層・芋窪礫層・御殿峠礫層など）や砂泥質層が分布し、これらの礫層については再食礫として立川礫層に供給される可能性が考えられ

る。飯能礫層は200〜150万年ほど前の礫層で、その相当層が多摩川流域の加治丘陵・草花丘陵・加住丘陵・狭山丘陵などに分布する。飯能礫層相当層や、狭山丘陵に分布する60万年ほど前の礫層である芋窪礫層の礫は関東山地から供給されたものである。他方、芋窪礫層と同時期の御殿峠礫層の礫には、関東山地以外に、丹沢山地から供給された新生代中新世の緑色岩や石英閃緑岩が多く含まれている。

3）調査地点の礫はどこから供給されたか
　このような多摩川流域の岩石分布とT164ピット・D8地点の礫種構成を比較すると、①砂岩の礫が卓越し、砂岩がワッケ質で、一部に片状砂岩が存在すること、②チャートの礫は保存されやすいにも関わらず、それほど多く見られないこと、③ホルンフェルスの礫がかなりはいっていて、石英閃緑岩の礫も見られること、④緑色岩は関東山地のものであり、典型的な丹沢山地の緑色岩は見られない、などの特徴がある。これらのことから、調査した立川礫層の礫は、関東山地の四万十帯の岩石を主とし、秩父帯の岩石も相当含まれると考えられる。また礫を供給した水系としては、多摩川の本流および支流である秋川水系の可能性が高いと判断される。

4. 円磨度・破砕状況から流れの特徴をさぐる

　川原の礫は水流で流される過程で削られ丸くなる。しかし土石流などで大規模に流された場合は、礫が岩盤にぶつかったり礫と礫がぶつかり合って、礫が破砕される。礫の大きさ（礫径）・円磨度・破砕の程度は、このような礫を流した水流の性質を反映している。

1）礫径を調べる
　19-1b層・19-1a層と20層で、礫の大きさが約1cmをこえるものについて、礫径を調査した。採集地点は礫種調査と同じ場所で、調査礫数は19-1b層が294個、19-1a層が310個、20層が124個である。各礫について長径・中径・短径を計測し、つぎに長径×中径×短径を計算して、得られた数値の

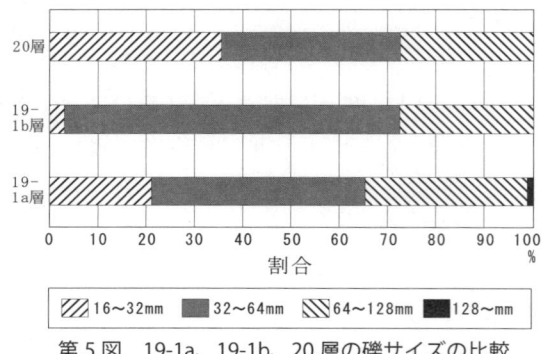

第5図　19-1a、19-1b、20層の礫サイズの比較

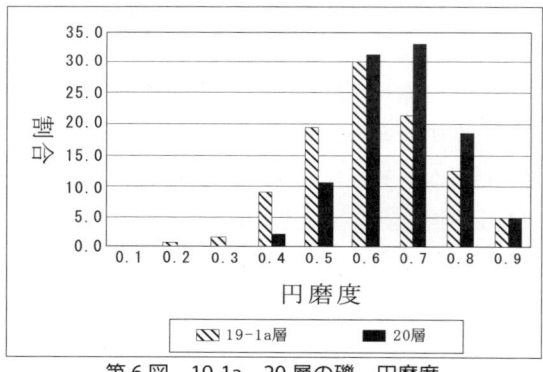

第6図　19-1a、20層の礫　円磨度

三乗根をもとめた。この三乗根を平均径という。平均径の平均は 19-1b 層が 56.5mm、19-1a 層 56.6mm、20 層は 41.5mm となり、20 層に比べて 19 層は比較的大きい礫が多く、特に平均径 128mm を越える大きな礫が 19-1a 層に見られる（第 5 図）。

2）礫の円磨度の調査結果

　川原の礫は水流で流される過程で削られ、角がとれて丸くなる。礫表面の凹凸がなくなり、どれだけ丸くなったかを円磨度であらわす。今回の調査では円磨度を 0.1 〜 1.0 の 10 段階に区分した。採集地点は上と同じで、調査礫数は 19-1a 層が 246 個、20 層が 151 個である。19-1b 層については調査していない。20 層の測定数が少ないが、19-1a 層では礫の円磨度の平均が 0.62 なのに対し、20 層では 0.67 で、分布も 20 層が数値の大きい方に偏り、20 層の礫が良く円磨されていることがわかる（第 6 図）。

3）礫の破砕状況の調査結果

　土石流などで礫が大規模に流された場合、礫と礫がぶつかり合ったりして、礫が傷つき破砕される。今回の調査では、礫の破砕の程度を、元の大

きさの 25％以上が壊れたもの（大破砕と表記する）、元の大きさの 25％未満が壊れたもの（小破砕と表記する）、礫は壊れずヒビ割れがはいるものに区分した。さらに破砕面の角がとれて丸くなっているものを修復中の礫と考え、破砕面が新

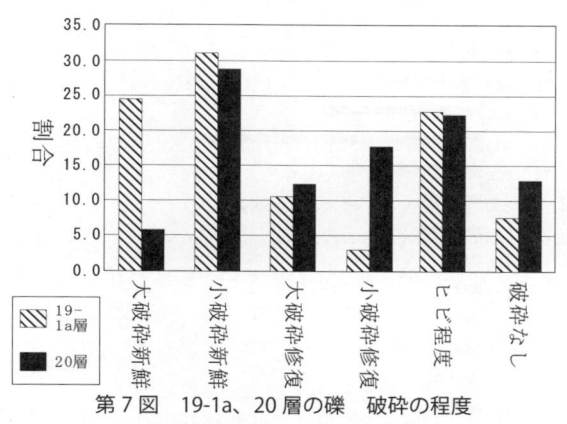

第 7 図　19-1a、20 層の礫　破砕の程度

鮮かどうかを、新鮮・修復中に区分して記載した。採集地点は上と同じで、円磨度を測った礫と同じものを調査した。調査礫数は 19-1a 層が 232 個、20 層が 153 個である。19-1a 層では、破砕面の比較的新鮮な大きく破砕された礫が 24.6％、小破砕礫が 31％、ヒビ程度の礫が 22.8％含まれていたのに対し、20 層では同じく新鮮な大破砕礫 5.9％、小破砕礫 28.8％、ヒビ程度の礫が 22.2％であった。また修復中の礫は、19-1a 層の 13.8％に対し、20 層では 30％となっている。破砕されていない礫は 19-1a 層の 7.8％に対し、20 層では 13.1％であった。20 層に比べて 19-1a 層の方が、破砕の程度が大きく、なおかつ破砕面の新鮮な礫が多いことが読み取れる（第 7 図）。

5. 礫の傾斜方向を調べる

　川原にある扁平な礫は、水流によって、ドミノ倒しのように、しばしば一方向に重なって堆積する。これをインブリケーションといい、礫は水の流れの上流方向に平らな面を向けている。このことから逆に、インブリケーションの方向にもとづいて昔の水流の方向を復元することができる。今回は個々の礫がインブリケーションしているかどうかは検討しておらず、上から撮った写真（第 2 図の下の写真）をもとに、T164 ピット北東側の立川礫層表面（19-1a 層）と南西側の表面（19-1b 層）で、礫層上部に見られる礫の平らな面がどの方向へ傾斜しているかを調査した。調査結果は、礫面の傾斜方向

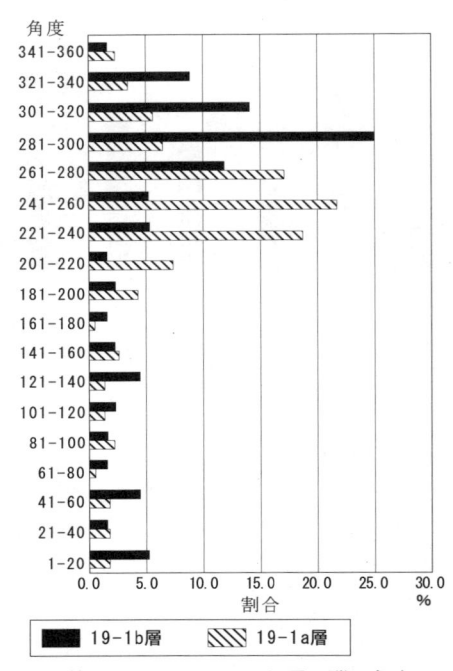

第2部　公開シンポジウム基調報告

第8図　19-1a、19-1b層の礫の角度

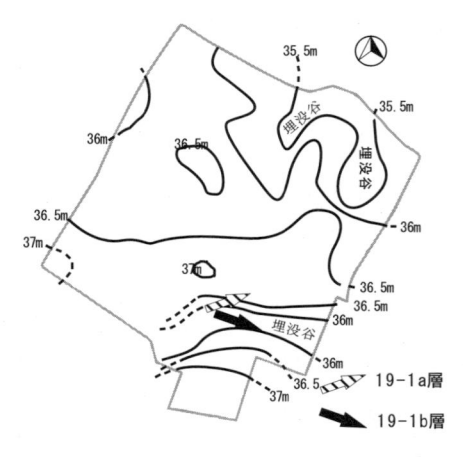

第9図　19-1a、19-1b層の古流向

を、北を中心に20度ずつ区切り、その方向をもつ礫の個数を計測した。19-1a層の礫を234個、19-1b層で135個の礫を調査した。調査結果を第8図に示す。19-1a層では241～260度方向（西から10～30度南方向）からの流れをしめす礫が多く、19-1b層では281～300度方向（西から10～30度北方向）からの流れをしめす礫が多い。調査結果を立川礫層の上面高度分布図に記入すると第9図のようになる。19-1b層では立川礫層上面の埋没谷方向に流れ、19-1a層ではそれと斜交し、野川に高角度で流れ込む方向を向いている。

まとめ－立川礫層、特に19-1a層はどのようにたまったか－

調査結果を整理すると、

① 19-1a層は20層を浸食してできた谷地形の表面を覆うように堆積し、19-1b層はさらにその上位に、谷の凹地を埋め立てるように堆積している（第2図）。流向の調査結果（第9図）もそれと調和的である。

② 19-1a層の基質はほとんど赤壁土状の泥からなり、この泥に含まれる石英などの砂粒に破砕されたも

のが含まれている（上杉私信）。それに対し、19-1b 層では赤壁土状の泥は塊として存在し、20 層では赤壁土状の泥は塊としてわずかに認められるにすぎない。

③　礫種構成では、19-1a 層・20 層ともによく似ており、各種の砂礫岩が主体でチャート・ホルンフェルスがこれに次ぐ（第 3 図）。砂岩礫にワッケ質のものが多く、片状の砂岩礫を含むなど、礫の岩相および礫種組成から、調査地点の立川礫層は四万十帯を起源とする礫が多く、次いで秩父帯を起源とする礫からなると推定される。丹沢系の礫は認められない。

④　19-1a 層は大きく破損した礫が多く、かつ修復の割合も少ない（第 7 図）。また 19-1a 層の円磨度は 20 層より明らかに低い（第 6 図）。これは礫の破砕状況と調和的である。さらに、19-1a 層の基質は砂粒径の結晶片（石英・雲母片など）を多く含む赤い壁土状の泥からなり、礫の表面をコーティングしている。また礫表面の凹みは同質の泥で充填されている。加えて、赤壁土状の泥に含まれる石英粒に破砕されたものが多い（上杉私信）。他方、20 層の基質は中粒～極粗粒砂からなり基質中にほとんど泥を含まない。また明瞭な葉理構造が認められる。さらに 19 層の礫は 20 層より明らかに大きい（第 5 図）。

以上のことから、この地点の"立川礫層"最上部層（19-1a 層）は土石流起源の礫層である可能性が推定される。また礫の給源としては、多摩川本流からも供給されるものの、支流である秋川水系からの供給が多い可能性が考えられる。

参考文献

新井　悟・石川博行・玉井久雄・野口　淳・平井義敏　2005　「明治大学付属明治高等学校・中学校新校舎建設予定地試掘・確認調査の概要」『明治大学校地内遺跡調査団年報 2』　明治大学

新井　悟・野口　淳・藤田健一・品川欣也・遠竹陽一郎　2006　「2005 年度調査の概要：明治大学付属明治高等学校・明治中学校建設予定地本発掘調査の概要」『明治大学校地内遺跡調査団年報 3』　明治大学

上杉　陽・上本進二　2005　「明治大学西調布校地のテフラ層位推定に関して」『シン

第 2 部　公開シンポジウム基調報告

　　　　　　　ポジウム「立川ローム層下部の層序と石器群」予稿集』　六一書房
尾崎正紀・牧本　博・杉山雄一・三村弘二・酒井　彰・久保和也・加藤禎一・駒澤正夫・
　　広島俊男・須藤定久　2002　『20 万分の 1 地質図幅「東京」』　産業技術総
　　合研究所地質調査総合センター
久保純子　2006　「基調報告 4　多摩川の流路変遷と野川・多摩川間の地形の変遷－立
　　川段丘の区分に関連して－」『「野川流域の旧石器」フォーラム－明治大学
　　調布付属校用地の遺跡調査から－講演会・公開シンポジウム資料集』
酒井　彰 1987『五日市地域の地質』「地域地質研究報告（5 万分の 1 地質図幅）」　地
　　質調査所
坂本　亨・酒井　彰・秦　光男・宇野沢　昭・岡　重文・広島俊男・駒沢正夫・村田
　　泰章　1961　『20 万分の 1 地質図幅「東京」』　地質調査所
中井　均・上杉　陽・野口　淳・明治大学校地内遺跡調査団　2006　「立川礫層最表
　　層部の層位と堆積環境―明治大学調布付属校用地の遺跡ピット T164 の例
　　―：明治大学調布付属校用地の遺跡（仮称）の調査（2）」『日本第四紀学会
　　講演要旨集』

3　旧石器人の生活空間
－遺跡分布から分かること－

シンポジウム会場　2006 年 7 月 16 日

第2部　公開シンポジウム基調報告

野川流域の旧石器時代遺跡の分布と変遷

下原裕司

はじめに

　野川流域の旧石器時代遺跡についての言及は数多いが、流域遺跡全体を取り扱ったものでは、比田井民子氏を代表とする研究がもっとも知られている（比田井ほか 2000）。当該研究においては、武蔵野台地の他の地域や相模野台地の遺跡群と比較した、野川流域遺跡群の特徴について、下記のようにまとめられている。

　1　ひとつの遺跡に文化層が複数重複する
　2　流域全体では、後期旧石器時代全ての時期の石器群が出土している。
　3　多様な他地域文化の一端が、時期に限定されず取り込まれている（野川遺跡の瀬戸内系石器群、中流域の樋状剥離尖頭器など）

　また早くから調査が進められ、学史的に著名であったこの地域の旧石器遺跡群が、学史的な価値だけでなく、他地域と比較しても質量共に遺跡密度の濃い地域であることがこの論文で実証されている。遺跡に残された生活の痕跡は多様であって、旧石器時代を通じて、日々営まれる様々な活動の展開先として、野川流域が選ばれ続けた結果、極めて重畳な遺跡分布が形成されたものと理解されている。
　このような遺跡の多さは、武蔵野台地の他の河川と比較して、比高差がある崖端部に位置しているために、無数の湧水が安定して存在し、それらの湧水量が豊富であったことが要因のひとつであると考えられる。特に野川上流域の遺跡は、崖線沿いに発達した湧水点に形成された小規模な谷状地形を

取り囲むように立地していることが知られている。またこのような安定した湧水に涵養された、動植物資源がこの地に豊富であったことが考えられるため、食料獲得に関する生業活動上優位な立地条件を満たしていたことが予測される。

1. なぜ遺跡が多いのか

　旧石器時代の領域分析の視点からは、(Ⅴ・Ⅳ下層段階における) 関東の主要な石材産地が、北東部と西部に偏って位置するため、この往還ルートに対して、武蔵野台地の河川が直交する関係にあることから、石材搬入のパターンが固定されるとの傾向が指摘されている (国武 2003)。主要石材産地ともいえない野川流域に遺跡が集中する理由が、黒曜石などの主要石材産地から武蔵野台地を通過して別の石材産地に移動する際に、(ほどよい距離で) 直交するように横たわる位置にあるためであることを想起させる興味深い指摘である。

　また、極めて高密度な野川流域の遺跡群は、立川面の資源開発に裏付けられたものであることも考えられる。このことは、地形生成からみたこの地域の立川面 (旧来 Tc1 面と呼称されていた範囲にほぼ相当する) の特異な様相からも推定できる。すなわち、野川源流以西にみられる、旧多摩川本流が形成した、旧多摩川左岸の直線的な武蔵野面の削剥 (右岸の多摩丘陵を裁ちきるような強い流れ) に比して、野川源流以東では、上流域までの全体が、武蔵野面に開口した　大きなノッチ状地形とみることが可能である(第1図)[1]。そして上流域の遺跡はそのノッチ状地形を取り囲むように連綿と立地しているのである。近年増加しているこの地域の立川面での調査事例によって、崖端部だけでなく、ノッチ状地形内の立川面における水環境の優位性は間接的に裏付けられている。

　このように、野川流域には、地形環境や水環境などの、自然環境的な遺跡の立地条件に多くの利点があることが想定される (ノッチ状地形に囲まれた立川面の詳細な古環境復元・動植物資源の優位性を示すデータの実証は今後の調査の課題である)。しかし野川流域に傑出して遺跡が多い理由は、上

記のような自然環境的要因のみに起因すると考えてよいのだろうか、例えば
ある時期に神田川流域でなく、野川流域を活動の場に選択した理由や、同じ
野川流域であっても、武蔵野面と立川面に同時期に遺跡が残されている理由
は、自然環境的要因と、当時の社会的な要因とが輻輳した結果によるものの
はずである。

　しかし現在観察される考古学的資料からは、この流域で行われた活動が、
他の地域で行われた活動と比べて、季節的な特定の生業など目立って特異な
活動が行われたことを見出すことはできない。

2. 遺跡形成の要因とは

　野川流域の自然環境からみた遺跡の立地条件については、本書第2部に
詳細に述べられていることもあり、本報告では野川流域に遺跡が多く残され
たことについての、自然環境的要因以外の要因が抽出できるかどうかについ
て試みる。

　このような要因を検討するためには、遺跡の場の機能を推定することが
必要と考えられる。遺跡の機能復元を取り扱った研究では、遺物の分布や組
成を、直截に解釈に結びつけることを避け、「重ね書き」（Carr1987）等の様々
な要因で形成されうる遺物分布と組成を、現段階で可能な限り同時性が高い
ものに分離した上で、その分布と組成の繰り返しのパターンを抽出すること
によって、通時的にみた場の機能を推定する研究がある（阿子島 1995）。

　野川流域遺跡の重複する文化層のあり方や、一文化層内での遺物集中部
の多さや遺物の多さからみて、この地の遺跡においても同一地点の複数回利
用による重畳な重ね書きがあったことが考えられるが、有機質遺物を残さな
い火山灰土壌による制約もあり、遺物の組成と分布の同時性の検証は困難で
ある。また開地遺跡における空間利用の具体的内容を、遺跡から得られる考
古学データから描き出す手続きが充分でないこともあり、阿子島がとった方
法を直接援用しにくい状況がある。なお遺物の同時性の検証には、石器の母
岩別・個体別分析がなお有効と考えられるが、接合する石器の数が少ないこ
と、完成品のまま搬入されることも多い定形的（機能推定の可能性の高い石

器）の同時性の問題、同一母岩と考えられる、接合しない石器の取り扱いの問題や母岩同士の同時性の保証がされないなどの問題が克服されていない。

　本稿ではこのような問題に答えるだけの準備はなく、結論を導き出すこともできないが、多くの調査例が蓄積されつつあるこの遺跡群の資料から、なぜこの地に多くの遺跡が残されたか、野川流域でどのような活動を行っていたのか、武蔵野面と崖線直下の立川面の、立地の違いによる活動の違いを抽出することができないか、という問題意識をもちつつ、最近の資料を紹介し、遺跡群の分布と変遷をみてゆくこととする。

3. 野川流域遺跡群の概要
1）地形の概要

　第1図は、野川流域遺跡群の全体図である。本稿では、先例に習い三鷹市ICU構内遺跡群までを上流域、調布市入間町城山遺跡までを中流域、それ以東を下流域と称することとする[2]。また野川本流だけでなく、国分寺崖線伝いに河道の一部が通過する仙川・谷戸川などを含めて、野川流域遺跡群として取り扱う。なお上流域のうち府中・国分寺市域の遺跡は源流域として通常区別されることが多いが、本稿では遺跡の集計の対象としていない。

　野川は源流から国分寺崖線直下を流れるが、下原・富士見町遺跡の東で一旦崖線を離れる。現在の河道は入間町城山遺跡あたりで崖線直下に戻っているが、本来の河道は調布狛江市境の小金橋で大きく右旋回し、蛇行しながら狛江市・世田谷区域を流れ、喜多見陣屋遺跡の西で府中崖線を越え直接多摩川に注いでいる。中流域では、深大寺周辺に深く切り込んだ谷状地形源流の複数の湧水地点から、湧水の流れは崖線を離れた野川に直接合流しており、崖線伝いに横流れする流路が一旦途切れている。中流域にはこのような深い谷状地形が連続するためか、崖線の比高差が流域中最も低く、崖線の斜面角度が緩やかで、ややメリハリの欠けた地形となっている。入間川が流れる支谷の武蔵野面から立川面に下る谷状地形には、中台面と呼ばれるM3面がテラス状に形成されている。入間町城山遺跡辺りから、再び崖線高度は高くなり、崖線沿いに河川が流れるようになる。下流域では、安定した崖線が続く

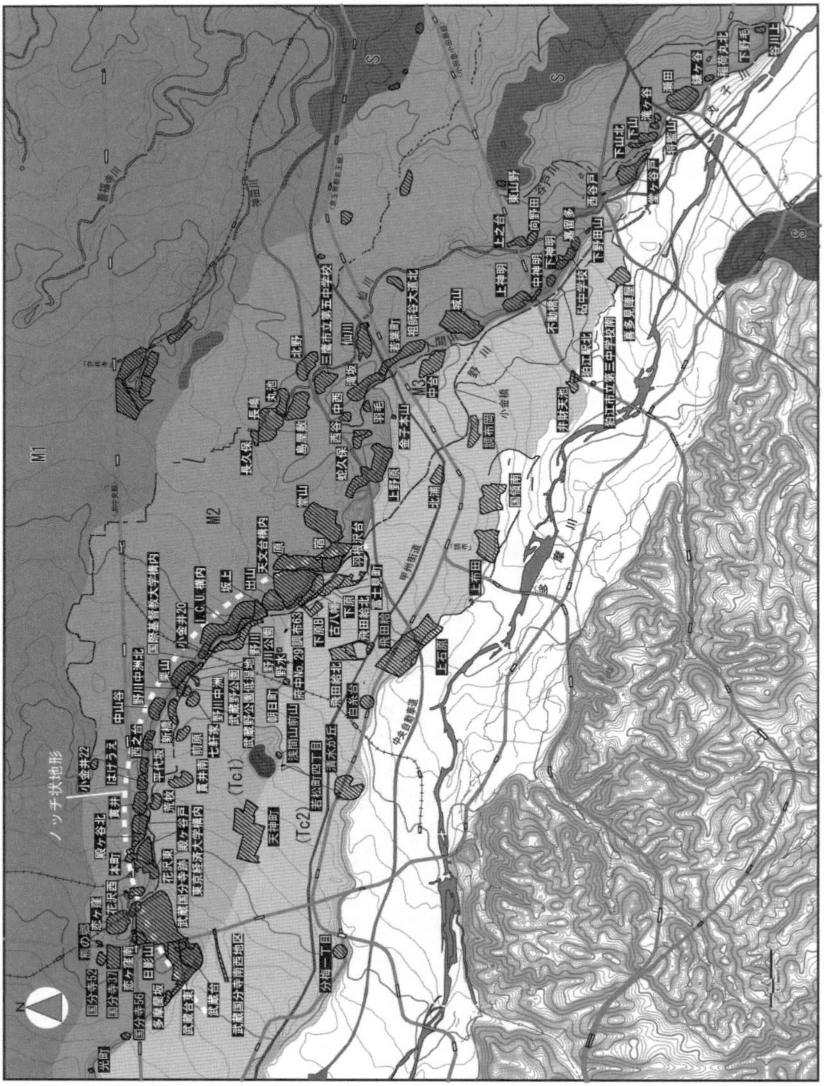

第2部　公開シンポジウム基調報告

第1図　野川流域の遺跡分布（石器文化研究会 2004 に一部加筆）

野川流域の旧石器時代遺跡の分布と変遷

が、国分寺崖線と、仙川や谷戸川などの小支谷に挟まれた、狭い舌状台地の同じような地形が 1.5 〜 2km ごとに連続するようになる。

2）遺跡分布と立地

　遺跡分布の傾向をみると、源〜中流域の特にノッチ状地形を取り囲む範囲の武蔵野面に遺跡が連続することが顕著である。立川面の遺跡は、野川本流沿いの崖線直下にあるもの、野川を離れた府中崖線沿いにあるもの、立川面内部の埋没河道沿いに立地するものがあるが、上流域では崖線直下の立川面に遺跡が多く、極めて規模の大きな遺跡も存在する（新橋・前原・野川中洲北遺跡等）。中流域では、小支谷の発達に伴い、遺跡が分散する。仙川上流域にも比較的小規模な遺跡が分布しているが、調布市仙川遺跡のような尖頭器が集中する遺跡も存在する。従来中流域では、国分寺崖線沿いの遺跡だけをみれば、遺跡が最も少ない地域と捉えられていたが（比田井前掲）、三鷹市滝坂遺跡など、個々の規模はやや小さいが、文化層数 7 枚の遺跡も近年調査されている。入間川・仙川河道沿いを含めた遺跡数（文化層数）はむしろ中流域が多いため、分散したあり方を呈しているのかもしれない。中流域は基盤層が砂質で、湧水環境が劣るとの見解もあるが、仙川や入間川など、別な湧水の存在によって、湧水量が低下していることも考えられる。湧水が全くないわけではなく、深大寺周辺には大型の湧水地点が存在するが、崖線直下の水路が不安定である。このためもあってか立川面に遺跡は少なく、下原・富士見町遺跡より下流で、崖線直下に遺跡は確認されていない。下流域では、再び崖線が安定する。前述した、両側を河川に挟まれた舌状台地上に、嘉留多・堂ヶ谷戸・瀬田・下野毛など大型の遺跡が同じような間隔で並んでいる。入間町城山から下野田山遺跡までは崖線直下に河川があり、立川面もあるが、現在までに崖線直下に遺跡は確認されていない。堂ヶ谷戸遺跡付近から崖線直下は沖積地になっており、岡本前耕地など縄文時代以降の低湿地遺跡がみられる。

3) 近年調査された主な遺跡

　源流域を除く72遺跡312文化層の遺跡を集計（第6図上）してみると、Ⅴ～Ⅳ層下部の遺跡が最も多い（南関東の一般的な傾向と一致する）。Ⅳ層上部・Ⅲ層下部の武蔵野Ⅱb期前・後半の遺跡が少ない。特にⅡb期前半の遺跡が少ないことが従前から指摘されている。また武蔵野Ⅰ期といわれる、後期旧石器時代前半期の遺跡が比較的多いことがみてとれる。この傾向はⅨ・Ⅹ層の出土例が格段に多い源流域を加えると、野川流域の特に顕著な傾向といえるだろう。

　野川流域遺跡では、1970年代に調査された野川遺跡と小金井市域の遺跡が最も知られているが、近年調査された主な遺跡の一部を紹介する。

(1) 三鷹市天文台構内遺跡

　　（第2図　都道調査地点第3文化層・Ⅳ層中部：三鷹市教委ほか2004）
　当遺跡の西側には、南北方向への深い支谷があり、遺跡はこの支谷と野川本流に挟まれた舌状台地地形に立地する。この支谷の最奥部はかつて安定した湧水が存在し、支谷が道路として埋めたてられるまで、湧水を利用した山葵田が設けられていた。当地点は、支谷右岸の緩斜面（武蔵野面）に立地しているが、支谷の底部との比高差は小さい。このためかこの文化層からは構成礫1500点、重量250kg近い大型の礫群が検出されている。第2図の石器は流域で最も遺跡が多い時期であるⅤⅣ下層の内、最新段階と考えられる石器群である。珪質頁岩製の涙滴形のナイフが同一ブロックにまとまって出土している。同じブロック内では幅広の石刃状剥片の生産を行っている。なお、第5図最下段の尖頭器はブロック外の単独出土であるが、この地点のほぼ同じ層準から出土している。蓼科系麦草峠産との分析結果が出ている。

(2) 三鷹市天文台構内遺跡

　　　　　　　　　　　　　（第3図　都道調査地点　第5文化層・Ⅴ層下～Ⅵ層）
　同地点のⅤ層下～Ⅵ層の石器群である。同一ブロックから出土している。多くは信州産（小深沢・星ヶ塔）の黒曜石で、高原山産の掻器1点（No.9）

野川流域の旧石器時代遺跡の分布と変遷

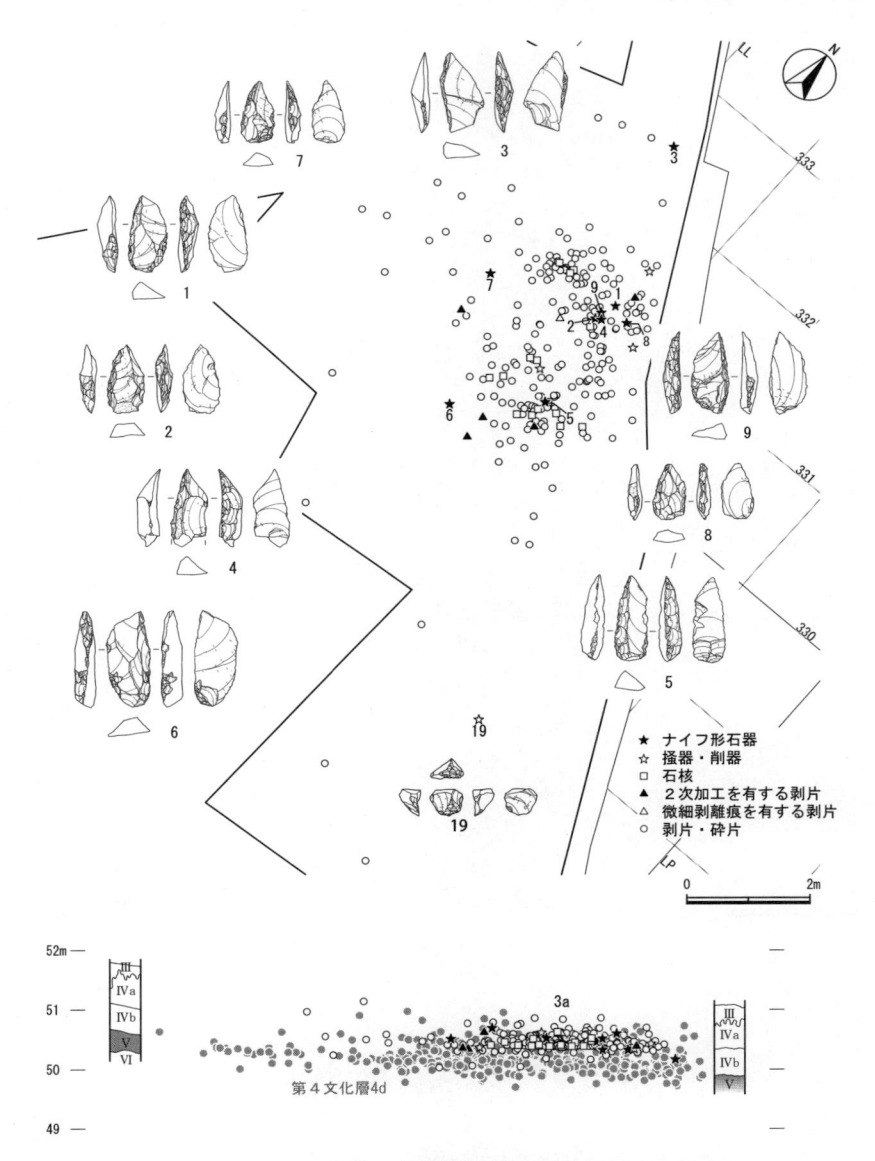

第2図　天文台構内遺跡　都道調査地点第3文化層・Ⅳ層中部
（三鷹市教育委員会他2004より）

105

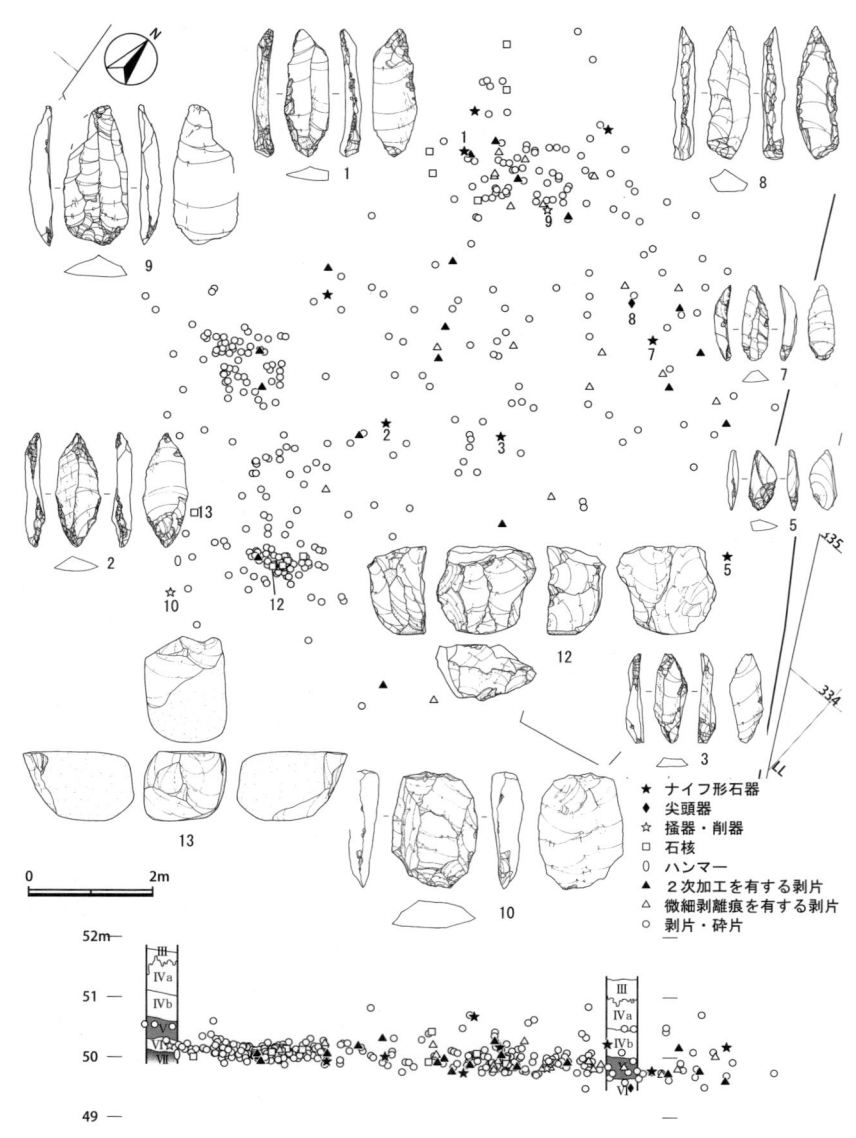

第 2 部　公開シンポジウム基調報告

第 3 図　天文台構内遺跡　都道調査地点第 5 文化層・Ⅵ～Ⅴ層下部

（三鷹市教育委員会他 2004 より）

野川流域の旧石器時代遺跡の分布と変遷

第 2 図　天文台構内遺跡東大・都道地区　第 4 文化層遺物分布
（三鷹市教育委員会他 2005 より）

を含む。ホルンフェルスの石刃の背面を周縁加工し、先端部を作出した尖頭器 1 点（No. 8）を含む。この尖頭器のみがⅥ層に食い込むように出土している。集中部内にもいくつか石器の密な集中が分散してみられる。

　都道地区は隣接地も調査しており（東京大学地点）、本地区と同様 5 枚の文化層（Ⅲ上・Ⅲ下～Ⅳ上・Ⅳ中・Ⅳ下～Ⅴ中・Ⅴ下～Ⅵ層）が検出されている。特に出土量の多い第 2 ～ 4 文化層の石器群は、河道に沿うように緩斜面に連続して拡がっている。特に第 4 文化層では 21 基の石器集中部とそれ以上の数の礫群に分けられる（第 4 図）。集中部間の石器の接合関係は少なく、母岩別石器の分布からも、石器集中部の独立性が高いことが窺われるため、繰り返しこの地を利用した累積的な様相を呈しているものと考えられるが、礫群間の礫の接合関係は比較的多く、また礫をストックしたような集積的な礫群もあることから、短期間の継続的な利用も感じさせる。これらの石器群については、礫群の共伴関係も含め、石器集中部の細分を行っているが、石器の同時性の検討にまで至っていない（三鷹市教委ほか 2005）。

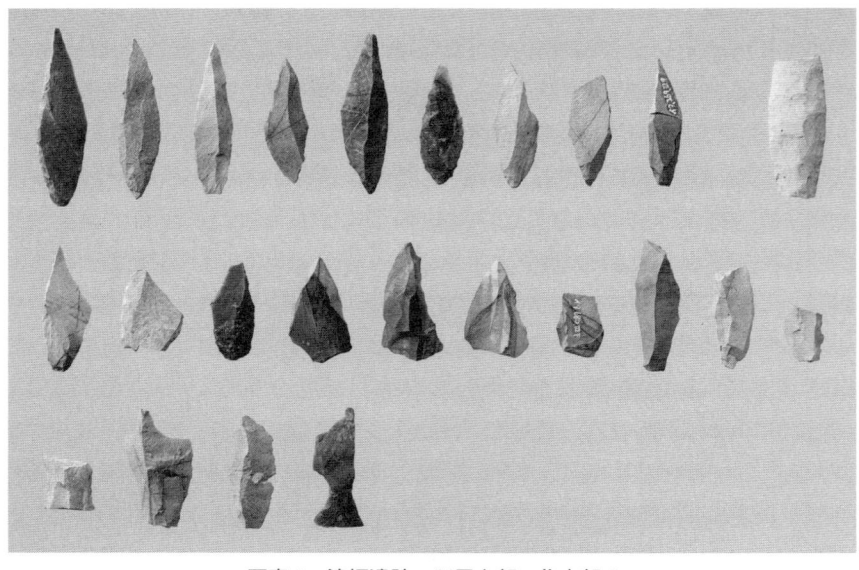

写真 1　滝坂遺跡　Ⅳ層上部　集中部 5

(3) 滝坂遺跡（写真1　Ⅳ層上部　集中部5：三鷹市教育委員会　報告書作成中）

　滝坂遺跡は、野川崖端から入間川沿いにやや入り込んだ緩い斜面地に立地している。Ⅳ上層（Ⅱb期前半）の遺跡は少ないといわれていたが、2004年の調査で良好な資料が得られている。在地石材である珪質頁岩とチャート及び硬質細粒凝灰岩の石刃生産とナイフ形石器の製作を2つの集中部で集約的に行っている。硬質頁岩製のナイフ1点（上段左端）と黒色頁岩製の尖頭器（同右端）1点が搬入されている。本遺跡では、これまでトレンチ調査によってⅢ～Ⅳ層上部相当の石器群が確認されていたが、旧石器時代の本格的な調査は2004年に初めて行われている。この調査では面積600㎡ながら、文化層7枚（Ⅲ中・Ⅳ上・Ⅳ下・Ⅴ・Ⅵ下・Ⅸ上・Ⅸ下）が確認され、最も遺物の多いⅣ上層を中心に2500点余りの石器が出土している。Ⅳ上及びⅣ下層では石器製作跡の中心に炉が伴う集中部を検出している。またⅣ下層では大型の炭化材も出土している。

(4) 中流域の尖頭器集中

　府中市域の立川面の調査及び調布市野水遺跡の調査によって、立川面を流れる埋没河道（野水川・基調報告7参照）の存在が明確にされたが、この河道から武蔵野面にかけての一帯において、冒頭に述べた、野川流域遺跡群で抽出されている特徴のひとつである有樋尖頭器を含む尖頭器がまとまって出土している（第5図）。

　坂上遺跡では黒曜石製の尖頭器2点。古八幡遺跡では、黒色頁岩製1点と黒曜石製が2点。天文台構内遺跡でも1点（前述）がいずれも単独出土に近い状況であるが、府中市№29遺跡では、狭い面積の調査にも関わらず形態も石材も多様な20点がまとまって出土している。古八幡遺跡は原位置を遊離しているが、その他はいずれもⅣ層中部付近から出土している。なお下原・富士見町遺跡内では、天文台構内遺跡出土例と、大きさも形態も酷似した黒曜石製尖頭器がⅣ中層から単独出土している。

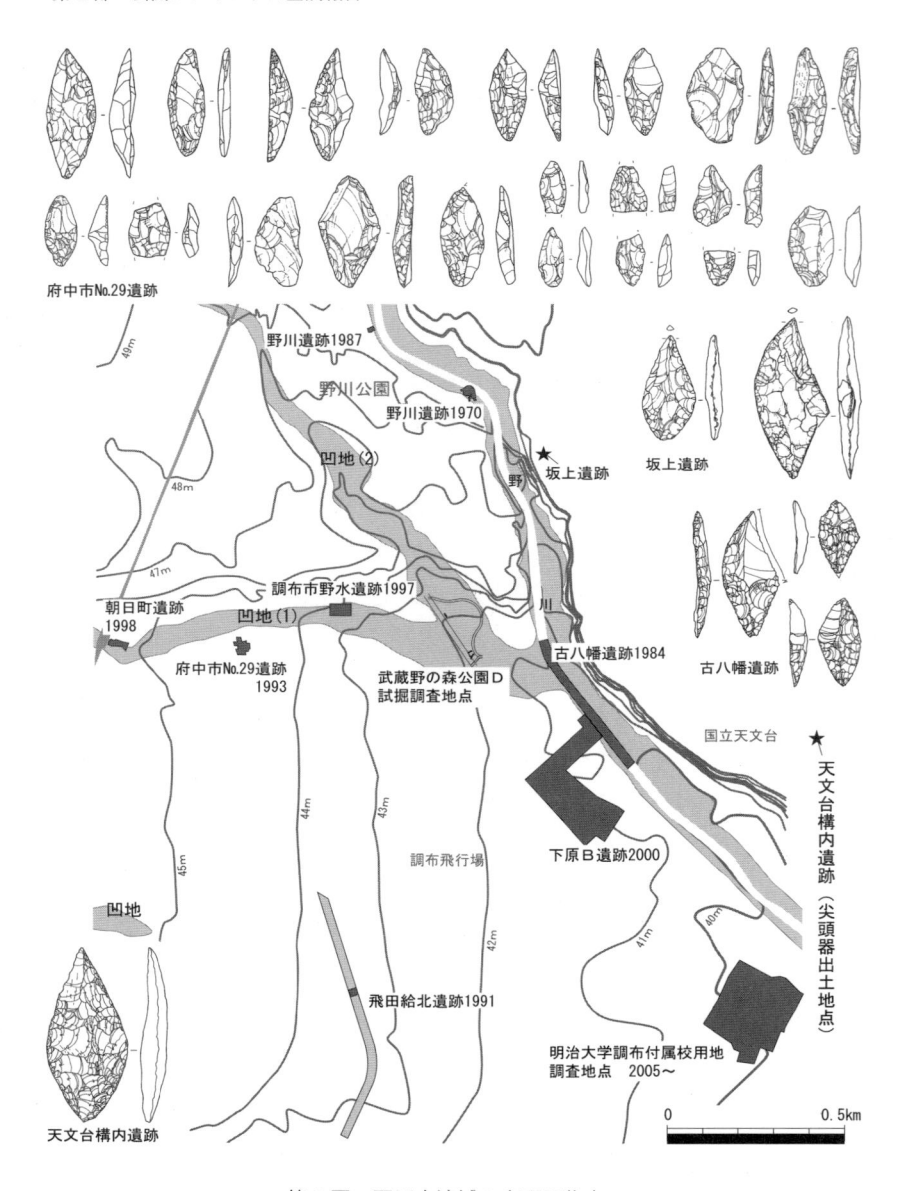

第2部　公開シンポジウム基調報告

第5図　野川中流域の尖頭器集中

野川流域の旧石器時代遺跡の分布と変遷

全文化層 時期別 総数288

時期	立川面	武蔵野面
Ⅲ上	4	12
Ⅲ中	9	29
Ⅲ下	6	9
Ⅳ上	8	20
ⅤⅣ下新	7	11
ⅤⅣ下古	22	64
Ⅵ	8	19
Ⅶ	5	15
Ⅸ	3	24
Ⅹ	1	12
小計	73	215

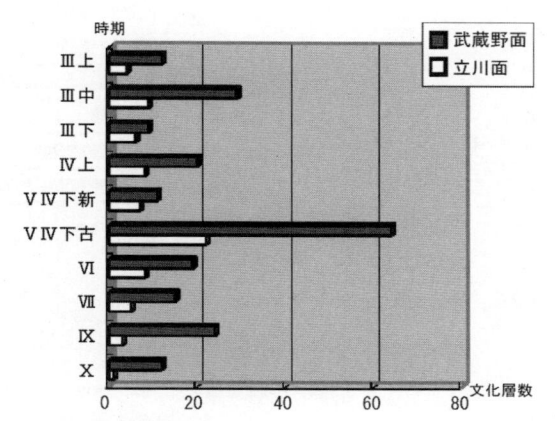

原位置遊離等24を除く

野川流域遺跡時期別消長

上流域 全遺跡 総数95

時期	立川面	武蔵野面
Ⅲ上	3	3
Ⅲ中	6	3
Ⅲ下	5	1
Ⅳ上	6	3
ⅤⅣ下新	3	3
ⅤⅣ下古	16	12
Ⅵ	5	4
Ⅶ	4	4
Ⅸ	2	6
Ⅹ	1	5
小計	51	44

原位置遊離・草創期除く

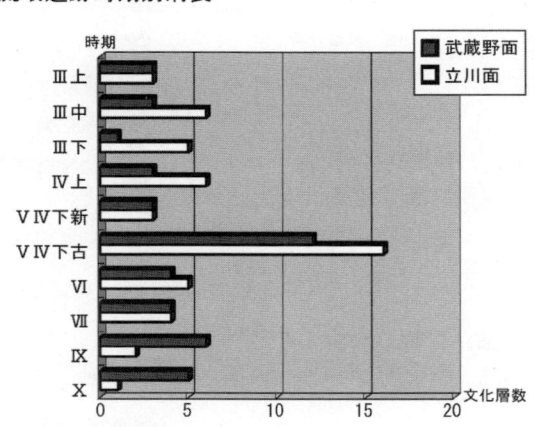

上流域全遺跡時期別

全文化層 立地条件別 総数312

	立川面	武蔵野面
上流	52	46
中流	20	104
下流	4	86
小計	76	236

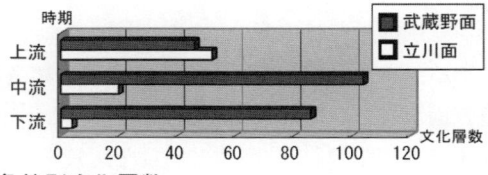

立地条件別文化層数

第6図 立地条件による分布の傾向

第2部　公開シンポジウム基調報告

上流域　石器100点以上　総数32

時期	立川面	武蔵野面
Ⅲ上		2
Ⅲ中	1	2
Ⅲ下	3	1
Ⅳ上	3	1
ⅤⅣ下新	3	3
ⅤⅣ下古	7	4
Ⅵ		
Ⅶ		
Ⅸ		
Ⅹ		2
小計	17	15

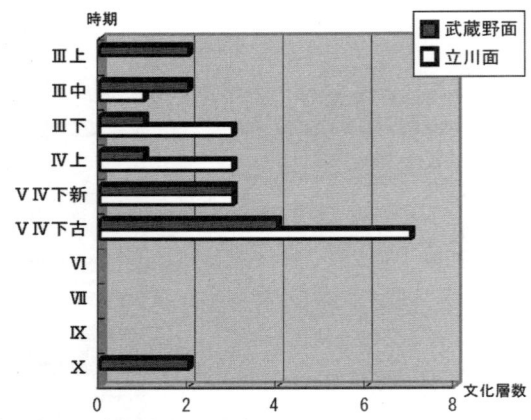

上流域　石器数100点以上の時期別遺跡(文化層)数

前半期　1遺跡あたりの平均出土石器数

時期	立川面		武蔵野面	
Ⅵ	(5)	1	(4)	36
Ⅶ	(4)	18	(4)	49
Ⅸ	(2)	24	(7)	67
Ⅹ	(1)	32	(4)	204
小計	(12)	75	(19)	356

( )内は遺跡(文化層)数

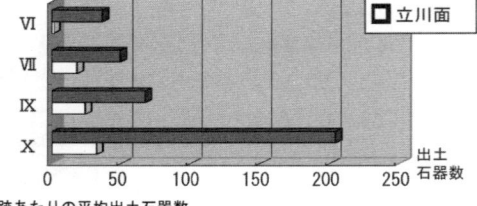

前半期の遺跡　1遺跡あたりの平均出土石器数

第7図　上流域に立地する遺跡の傾向

4. 遺跡分布と変遷

　上～下流域までの地域別に分布傾向をみると、仙川・入間川を合わせた中流域が最も多い（第6図下）。上流域の立川面の遺跡はほとんどが崖線直下の遺跡である。中・下流域には崖線直下に遺跡がほとんどないので、少数ある立川面の遺跡の多くは府中崖線上か、立川面内部の埋没河道沿いの遺跡である。つまり崖線直下の野川本流沿いに遺跡が形成される上流域では、武蔵野面よりも立川面に遺跡が多い。

　上流域に限定し、時期別の消長を比較する（第6図中）。概ね全体の傾向（同上図）と一致するが、Ⅵ層からⅤ・Ⅳ下層以降では、立川面に遺跡が多い傾向が顕著である。次にこれらを遺跡の大きさによって比較する。遺跡の大き

さを単純に比較するため、ここでは出土した石器の出土量による比較を行う（第7図上）。これらの遺跡の中には石器出土量4000点を越えるようなものもあるが、集計表上で様々なクラスターを作成し傾向を比較したところ、この場合石器出土量100点を境に、分布が明瞭に分かれる傾向が抽出される。同グラフによると、100点以上の遺跡はⅤ・Ⅳ下層以降（後期旧石器時代後半期）がほとんどで、それ以前には武蔵野面の2遺跡のみである。この傾向は、単純にⅤ・Ⅳ下層以前（同前半期）には、石器数100点以下の小規模な遺跡が多い、ということを示すが、これらを立地傾向別に細分すると、立川面の前半期12遺跡のすべてが、石器数50数点以下の遺跡で、そのうち9遺跡は石器数10点以下の極小遺跡である（武蔵野面は19遺跡のうち10点以下は7遺跡のみ）。平均出土数（第7図下）をみても立川面の前半期遺跡の小ささは際立っている。

　石器数が極端に少ないこのような極小の遺跡は、調査面積の問題もあるが、往々にして周辺の未調査部分に母体があると考えられることが多い。しかし12遺跡（文化層）のみとはいえ、発見されている遺跡のほとんどがこのような極小規模の遺跡であるということは、調査例が比較的多いこの地域での、一定の傾向とはいえないだろうか。

　このような立川面の極小遺跡がどのようなものかであるか簡単に触れると、例えばⅩ層の野川中州北遺跡では小型の打製石斧とハンマー及び石斧の未製品と思われる資料の小ブロックで、石材はチャートとホルンフェルス（在地石材）。Ⅸ層野川中州北遺跡では、チャート製の小型粗製スクレイパーとチャートホルンフェルスの原石からの剥片剥離。Ⅶ層の野川遺跡では在地系石材による粗製の縦長剥片ばかりが出土しているが、約1.5km下流の武蔵野面の大型遺跡である羽根沢台遺跡との関連を考えたいところである。前原遺跡Ⅶ層でもチャート製スクレイパーの出土のみ、Ⅵ層野川遺跡では黒曜石製の小型石刃が2点のみ出土しており、在地石材の使用が多いことは共通するとはいえ、遺跡の規模が小さいということ以外に、人工遺物の組成の共通性やひいては遺跡の場の機能に結びつける共通点を見出すことはできない。

5. 武蔵野面と立川面の使い分け

　阿子島（前掲）の行った遺跡の機能推定は、可能な限り細分された同時性の高い遺物組成と分布パターンが、長期的に繰り返されていることを根拠としたものであった[3]。この方法に倣い、同時性の高い資料を、文化層の細分が困難なローム層中という条件で抽出することとする。ビンフォードは組成を構成する要因が長期にわたり粗いもの（coarse-grained）と細かいもの（fine-grained）に分けて考えることを提唱している（Binford　1981）が、大きな遺跡を残すような活動痕跡がみつかっていない時期と立地（前半期の立川面）において、規模の小さな遺跡は、重ね書きや片付け、流れ込みといった影響を蒙っている可能性が比較的少ない、単発的な作業の結果を反映していることが考えられよう。

　しかし前半期の立川面の極小遺跡に残された遺物は、単発的な作業ゆえか、断片的な情報しか与えてくれないように思われる。そもそもカーの指摘する重ね書きの原理からすれば、これらの遺物組成が当時の活動を直接反映したものと考えることはできず。むしろ、このような極小遺跡が累積するということが、該期の活動パターンの抽出と考えるべきであろう[4]。つまり前半期立川面の崖線直下においては、小規模な石器を残すような活動のみが行われていた、と指摘することができる。

　このような活動は、後半期の上流域において、武蔵野面よりも立川面に規模の大きな遺跡が多く残されている状況と対照的である（武蔵野面にも大規模遺跡は残る）。従来後半期初頭のⅤ・Ⅳ下層段階に立川面の遺跡が増えることについては、立川面の離水時期の問題として理解されることが多かったが、崖線直下の調査例から立川面の離水時期は遅くてもⅦ層、通常はⅨ層（野川遺跡ではⅩⅠ層）から乾陸・安定化しているため、地形的な要因のみとはいえないであろう。

　前半期においては、湧水点近くの武蔵野面の崖上には規模の大きな遺跡が存在するため、崖上を居住地（キャンプサイト）に定め、崖線直下の湧水至近は猟漁場とし、居住地としないなどの使い分けがあった可能性がある。また活動領域が狭くなったと想定されている。つまり人口密度の増えた後半

期においては、立地の使い分けが異なっていたものと想定される。

まとめ

　なぜ遺跡が多いのか、野川流域でどのような活動をしていたのか、具体的な行動を描くことはなお難しい。前半期の立川面に残されている、断片的とも思われる活動の痕跡と比べ、後半期の天文台構内遺跡第3文化層や滝坂遺跡第2文化層の、石材構成が単純でナイフの形態も類似した集中部は、文化層としての同時性が高く、一見理解しやすく見えるが、組成中に含まれる完成された定形石器の遺存率の高さは、数週間から数年にまで及ぶ回帰的で累積的な行動の結果を示すのかもしれない。むしろ単発的と推定される、前半期立川面の遺物組成の「欠落」は、行われたはずの1回あたりの作業と、残された遺物組成との結びつきの困難さを示唆するようでもある。

　一方、野川中流域のノッチ状地形の外縁部（東端）においては、有樋尖頭器を含む多量の尖頭器がほぼ同一層準に多量に発見されている。使用に伴うメンテナンスが入念に施される管理的石器でありながら、消費的な一面をもつ尖頭器が、石材も形態も異なる多様のタイプを含んで狭い地域にまとまって出土していることは、この時期における、場の機能を窺わせる。同様に、ノッチ状地形の反対側西端に相当する、武蔵野面崖端の複数地点において、Ⅸ～Ⅹ層から、石斧が集中的に出土するよく知られた事実と共に、野川流域における特徴的な場の機能を示唆する、優れた資料である。

　なお本稿では中～下流域の遺跡に触れることができなかった。世田谷区域の旧石器遺跡と文献については（高杉ほか2002）に詳しい。

　　注
1)　上杉陽氏のご教示による。またフォーラム当日の中井氏の発表により、このノッチ状地形が、秋川によって形成されたものである可能性が示されている。本書第2部-2中井論文を参照。
2)　従来の流域区分は、調査主体であることが多い行政区域に従ったもので、ノッチ状地形とノッチに囲まれた立川面に注目して分類すれば、源流域から羽根沢台遺跡、立川面では下原・富士見町遺跡までを上流域として区分すべきかもしれない。

第2部　公開シンポジウム基調報告

3)　居住空間という限定された範囲で、掻器など管理的な石器の分布と組成パターンからの機能推定という手続きをとっている。
4)　遺物の組成や分布の解釈が不可能と考えているわけではない。礫群を素材に「重ね書き」の人為的な内容の復元を試みたことがある（下原 2004）。

参考文献

阿子島香　1995　「ドフォール岩陰の彼方に－石器群の空間分布と人間活動－」『歴史』（84）　東北史学会

小田静夫・伊藤富治夫ほか　1976　『前原遺跡』　ICU Occasional Paper 3

国武貞克　2002　「第4節　小結」『荒牧遺跡　野川整備工事に伴う埋蔵文化財発掘調査報告書』　東京都建設局ほか

国武貞克　2003　「両面調整石器群の由来－関東地方Ⅴ層・Ⅳ層下部段階から砂川期にかけての石材消費戦略の連続性」『考古学Ⅰ』

小金井市遺跡調査会　1989　『野川中洲北遺跡』

後藤明　1998　「遺跡の形成過程　考古学的組成の民族考古学的考察」『民族考古学序説』　同成社

小林達雄・小田静夫ほか　1971　「野川先土器時代遺跡の研究」『第四紀研究』10（4）

下原裕司　2004　「野川流域　武蔵野面の遺跡とその分布」『第10回石器文化研究交流会－発表要旨－』　石器文化研究会

下原裕司　2004　「第2節　Ⅳ層中部の礫群（SR-12）について」『天文台構内遺跡Ⅲ』　三鷹市教育委員会・三鷹市遺跡調査会

石器文化研究会編　2004　『第10回石器文化研究交流会－発表要旨－』

高杉尚宏ほか　2002　『世田谷最古の狩人たち　3万年前の世界』　世田谷区立郷土資料館

比田井民子　2000　『多摩川流域の段丘形成と考古学的遺跡の立地環境』(財)とうきゅう環境浄化財団

三鷹市教育委員会ほか　2004　『天文台構内遺跡Ⅲ』　三鷹市埋蔵文化財調査報告第27集

三鷹市教育委員会ほか　2005　『天文台構内遺跡Ⅳ』　三鷹市埋蔵文化財調査報告第28集

Binford, Lewis R.　1981　Bones :Ancient man and Modern Myths. Academic Press

Carr, Christopher　1987　Dissecting intrasite artifact palimpsests using Fourier methods. Method and Theory for Activity Area Research, Columbia University Press, New York

立川面の旧石器時代遺跡―その分布と古地形―
―とくに府中市域を中心とした埋没谷地形と遺跡の分布・立地について―

中山　真治

はじめに

　府中市付近の旧石器時代遺跡の調査は、学史上著名な調布市野川遺跡の調査をはじめとして、国分寺崖線に沿った野川流域が調査対象地域として早くから注目されてきた。それに対して野川以南の立川段丘中央付近は地形的にも単調で水利に乏しく旧石器時代の遺跡は皆無に近いものと考えられていた。ところが1980年後半以降、広域にわたる遺跡調査が進展し、旧石器時代の遺跡も次第に知られるようになってきた。これには自然地理学的調査＝立川面の微地形の追求調査とも関係が深い。府中市内では天神町遺跡（第226次調査）などの調査を機に立川面の埋没谷地形についての研究がすすめられた（松田・大倉1988など）。旧石器～縄文時代遺跡の立地については埋没谷地形との関わりが密接であるということがわかってきたので、その後その点にも注意を払いつつ遺跡の調査も行なわれてきた（府中市教育委員会・府中市遺跡調査会1988など）。

1. 府中市付近の立川段丘の地形と旧石器時代遺跡の概要
1）旧石器時代の遺跡と立地
　本稿では、野川本流域（野川に面した地域）の遺跡を除く立川面の遺跡についてふれる。
　府中市内の立川段丘は、南北最大幅約3.5km、北半ではおよそ西から東に、南半では北西から南東に向けて緩やかに傾斜しており、市内東部では標高約40m、西部で70mを計る。
　府中市付近の立川段丘上の旧石器時代人の生活痕跡は、大別すると多摩川沖積地を望む府中崖線縁辺付近に残された遺跡と、段丘内部に刻まれた旧

河川の流路跡の一部が起源となっているとみられる谷状凹地（現在では黒色土が埋積した埋没谷地形となっている）に沿って立地する遺跡がある。立川面中央部の旧石器時代遺跡の立地については、調布市野水遺跡の調査に関連して既に問題提起が行なわれている（川辺 2004）。

府中崖線沿いに分布する遺跡としては府中市白糸台遺跡（武蔵国府関連遺跡白糸台地域）、府中市清水が丘遺跡（武蔵国府関連遺跡清水が丘地域）、府中市分梅町遺跡（武蔵国府関連遺跡高倉・美好町地域）等がある。白糸台遺跡は、厳密には多摩川沖積地から入り込む開析谷の肩に位置し、府中崖線から北に 350 mほど中に入り込んでいる。清水が丘遺跡も同様に崖線から 500 mほど北西方に入り込んだ埋没谷に沿って立地している。多摩川流域では湧水の関係からこういった場所（ノッチ）に縄文時代中期を中心とした「大規模」集落が立地することも多い。

府中崖線沿いは旧石器・縄文時代遺跡に関していえば国分寺崖線沿いに比べて遺跡の分布密度は高くないが、これは立地要件が湧水点の数に対応しているためであろう。

一方、多摩川から離れた谷状凹地に沿っている遺跡としては、現在の野川と府中崖線のほぼ中間にあたり市域南東の調布側から北西方向に帯状に延びた埋没河道とされる野水埋没川（川辺 2004）に沿って分布する府中市No.29遺跡、府中市朝日町遺跡、府中市天神町遺跡などが確認されている[1]。

2）埋没谷地形の特徴

府中市付近の立川面で見られる凹地地形は、模式地としては天神町付近の谷がよく知られ、幅約 30 m、深さ 3～5 mを測るもので、市内でも立川面では最も規模が大きい。この谷の北側では現在も一部で比高差 2~3 mほどの小崖線を呈した場所もみられ、府中市内ではこれを境に T c1 面と T c2 面の地形面に区分されている（松田・大倉前掲）。

このような凹地の成因については、かつての古多摩川の流路により基底の礫層が下刻された結果としての理解（名残川）が最も理に適っているようであるが、そのメカニズムについての詳細については十分な説明はなされて

いない。それでも近年では面的に広く調査でき、谷全体が掘削できた調査地区では詳細な調査・観察によって特定の湧水点がほぼ想定できた地点もある（松田2001）。谷内の湧水や水流は必ずしも恒久的なものではなく、枯渇してしまう場合も想定されるし、水流があっても下流では伏流してしまうという点も考慮しなければ、旧石器時代での利用時の環境は復元できない。

野水埋没川や天神町の谷のような地形は、府中市付近ではかつて字名として久保（窪）地名で呼ばれていた（雨久保、桶久保、蛇久保など）。下水道が完備される以前は、雨水や湧水が貯まる場所として認識されていた。他にも野水、野溝という俗称も散見される。天神町遺跡（第226次調査）では坑底より撚糸文土器が出土しているため、少なくとも縄文早期前半までは谷内に豊富に水を湛えていたが、以降は豊富な水が供給されず急速に埋没が進行していったことが明らかになっている（府中市教委・府中市遺調1988）。また埋没谷の埋積年代は調査地点によっても各々で異なり、時期毎の水環境などの復元は難しい。次に発掘調査の行われた主要な遺跡（調査地区）について順を追って概観する。

2. 立川段丘上の旧石器時代遺跡
1）谷状凹地沿いの遺跡

府中市No.29遺跡（東京都埋文センター1996）は野水埋没川（野水源流）の右岸、調布市野水遺跡の上流約150mに位置する。第Ⅳ上～Ⅳ中層、Ⅳ下～Ⅴ層、Ⅵ層の3枚の文化層が確認されている。礫群は総数15基、石器ブロックは13箇所が検出されている。調布市野水遺跡は本遺跡のすぐ下流に位置する。野水埋没川流域では野水遺跡のⅨ層以外では深層の文化層は今のところ検出されていない。地理的にも野川遺跡群の一部と見做せる遺跡である。

朝日町遺跡（府中市教委・府中市遺調2000）は野川遺跡の南西約1kmに位置する。Ⅳ上層より礫群2基と石器ブロック2箇所が検出されている。礫群相互の礫の接合関係がみられたのでほぼ同時期に形成されたのであろう。石器にはナイフ形石器13点、掻器3点、台石、敲石など総数160点

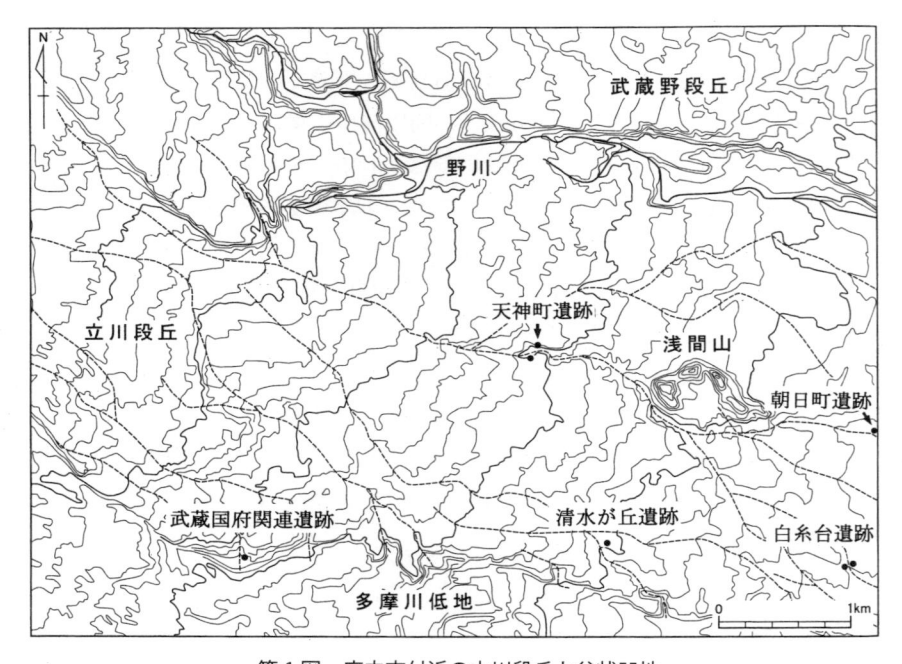

第2部　公開シンポジウム基調報告

第1図　府中市付近の立川段丘と谷状凹地

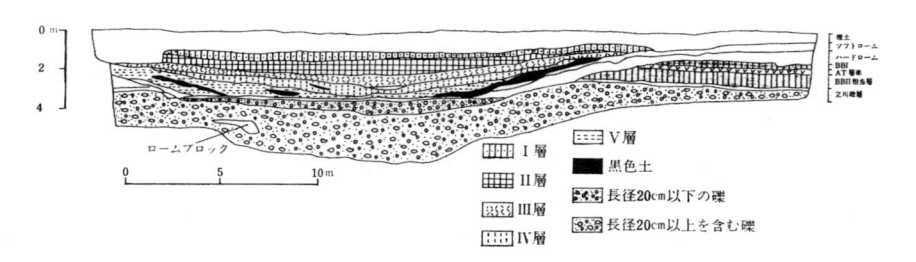

第2図　天神町遺跡の谷状凹地の断面

ほどが出土しているが、この場所で積極的に剥片剥離が行なわれたようではなさそうである。野水埋没川の北側に位置すると考えられるが、調査範囲が限られていたということもあり、地形環境との関係は不明である。府中市№29遺跡とともに地理的に野川流域の遺跡群との関係を留意すべき遺跡である。なお、朝日町遺跡の依拠する野水埋没川の水源は標高約50mの浅間山付近に推定されている（川辺前掲書）。なお本遺跡の深堀トレンチでは立川礫層まで掘削したが、Ⅶ層以下は白色化したいわゆる「水漬きローム」で武蔵野層位に対比することが困難であった。

　天神町遺跡（府中市教委・府中市遺調1988,1991,1999）は以前より包蔵地として指定されていた。谷状凹地の両岸と谷内にも旧石器～縄文時代の活動痕跡が広い範囲で確認されている。第226次調査では埋没谷の底面よりナイフ形石器7点などが出土しているがプライマリーなものではない。第335次調査地区は左岸（Ｔｃ1面）で第Ⅲ上層より北方系（ホロカ型）の細石核、細石刃、搔器（いずれも在地チャート、凝灰岩製）を中心とする石器ブロックとその付近から槍先形尖頭器が出土しており、当地域では稀有な石器群の検出は注目される。また、谷を挟んだ南西側（第599次調査）ではⅢ層で小規模な尖頭器の製作址を検出している。天神町遺跡ではⅣ層以下の活動痕跡（文化層）は確認されていないが、至近の未調査地に文化層の存在が示唆されるが、この付近でも同一場所で文化層が重層することはない。細石器を伴う段階では、谷状凹地付近の遺跡での発見例は少なく、野川本流域でも前代よりも遺跡数は減少しており、その意味では整合するといえよう。

2）府中崖線沿いの遺跡

　府中市域の崖線上の立川段丘面に沿って、帯状に東西6.5kmが古代の武蔵国府関連遺跡として広大な範囲が指定されている。旧石器時代の遺跡もこの範囲に含まれる。

　白糸台遺跡（武蔵国府関連遺跡1097次調査）（府中市教委・府中市遺調2005）は府中崖線から北西に入り込む谷の北東側に立地するＴc2面に所在し、第Ⅳ上～中層に礫群（礫総数1575点）とそれに伴う石器を確認した。

第2部 公開シンポジウム基調報告

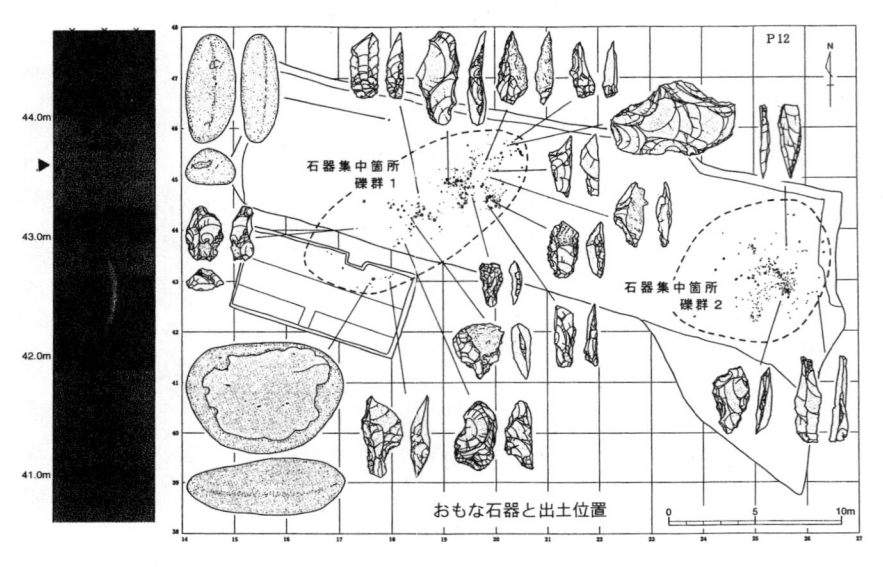

第3図 朝日町遺跡のブロックと石器

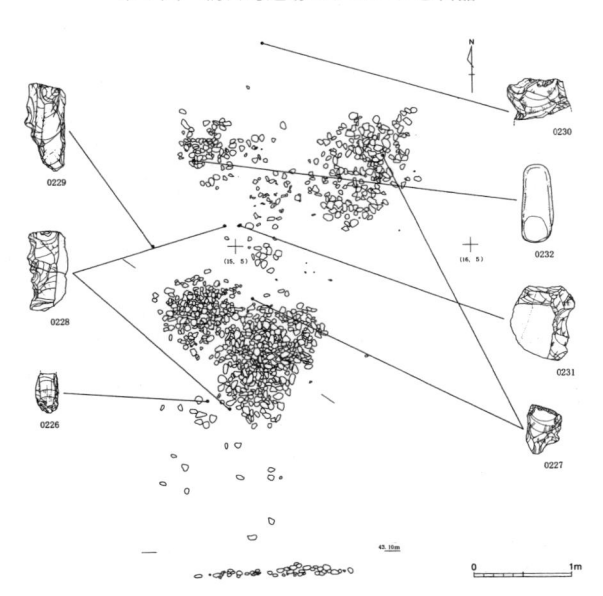

第4図 白糸台遺跡の礫群と石器

本礫群は3ないし4つのブロックの集合として捉えられる。礫群の直下は白色シルト化したいわゆる水浸きロームでその下にはすぐに自然礫層（立川礫層）を確認した。出土した石器にはナイフ形石器1点、掻器1点、削器2点、敲石1点などがある。礫は自然礫層がローム直下に露呈しているのでその場で容易に採掘できたものであろう。礫群の規模からみても、周辺の未調査地に当該期の遺構が広がっている可能性がある。本遺跡の立地は府中崖線下の湧水に依存したのであろう。

清水が丘遺跡（武蔵国府関連遺跡第1043次調査）は縄文時代集落の中心よりさらに300mほど北側に当たる。第Ⅳ上層に接合する石器ブロックと小規模な礫群が検出された。チャート製の長さ3～4cmの小型のナイフ形石器8点、石刃10点、剥片40点などが出土しているが器種構成は単純である。母岩を共有する接合資料（3個体）がみられたため、小規模ながらも移動の際に立ち寄った一時的な石器製作址とみられる。石刃の存在などから、いわゆる「砂川型刃器技法」による石刃・ナイフ形石器の生産と消費が行なわれていた場と判断できる。

分梅町遺跡（武蔵国府関連遺跡第857次調査）は府中崖線の縁辺付近に石器ブロック1箇所を調査した。ローム層厚が薄く時期的に明確ではないがⅣ上層相当であろう。遺物の包含層直下は水の影響を受け白色化したロームであった。出土石器は4個体の母岩別資料（在地のチャート・頁岩・黒色頁岩・凝灰岩）に分類でき接合した。製品は他に搬出されたとみられ、ナイフ形石器などの製品は見られないが、石刃6点、石核、剥片などが出土している。小規模な石器製作址であろう。

峰上遺跡（国立市矢川）

この他に、府中市域より西方の国立市矢川では府中崖際に峰上遺跡が確認されている。遺跡の南側には低位の青柳段丘を控える。ここではⅢ層下部に一枚の文化層が確認され、石器ブロック3箇所、礫群1基、配石6箇所などが検出された。遺物は、終末期のナイフ形石器、尖頭器などが出土しているが、ここで剥片剥離が行なわれ石器が製作されていたようであり、立川面縁辺のやや拠点的性格を有する遺跡の一つであろう。立川面の旧石器時代

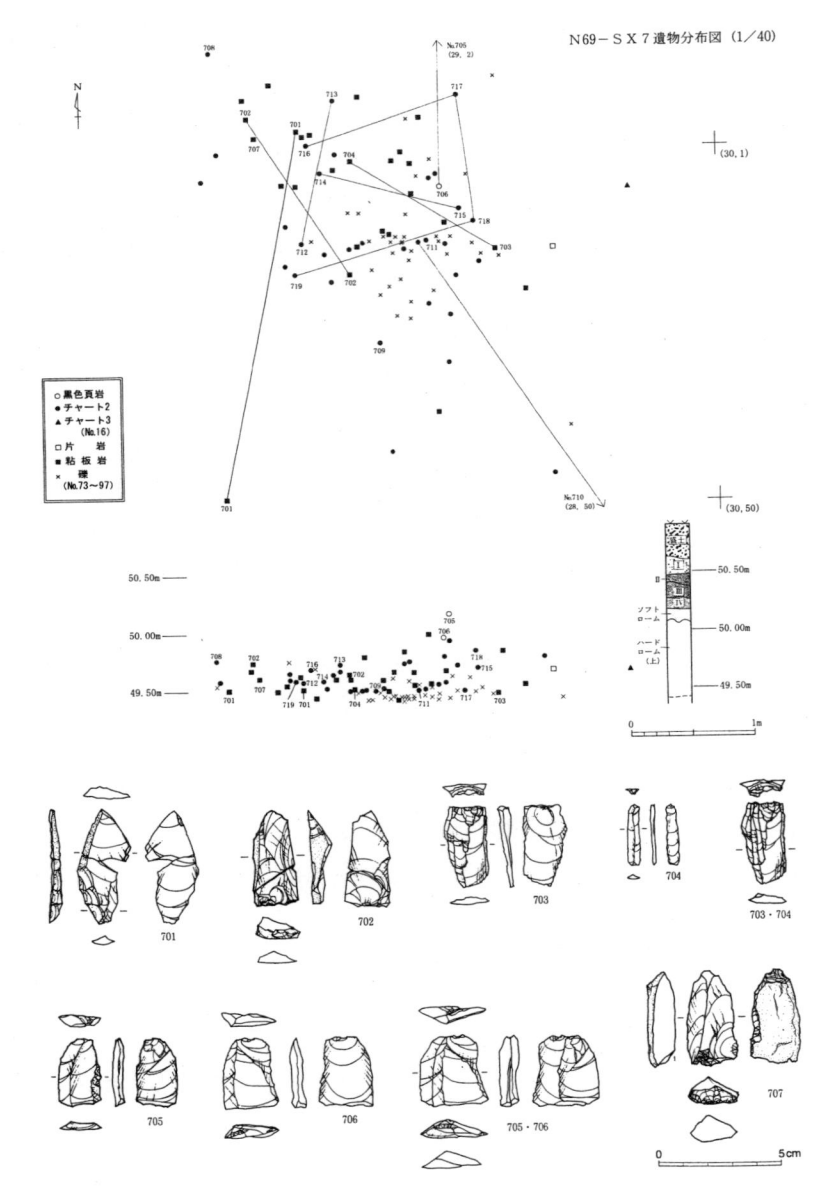

第2部　公開シンポジウム基調報告

第5図　清水が丘遺跡の石器と出土状況

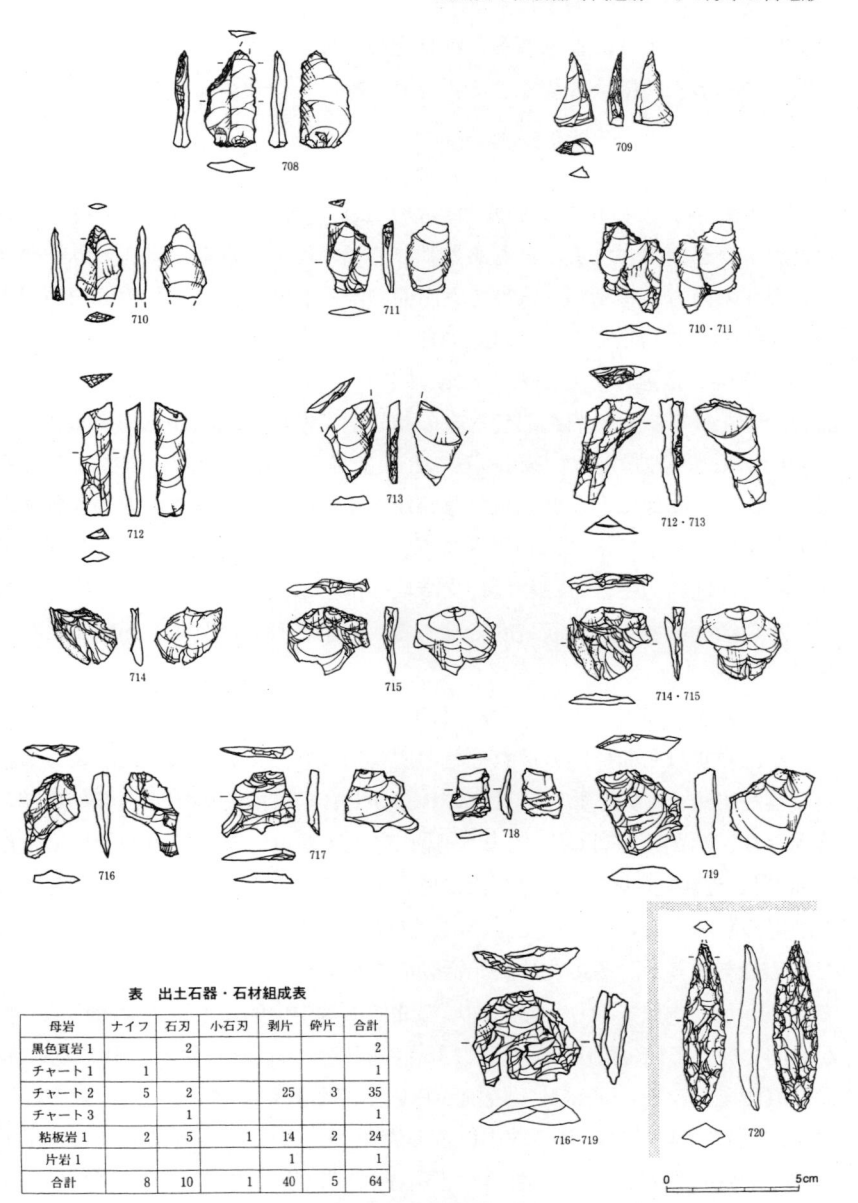

立川面の旧石器時代遺跡－その分布と古地形－

表　出土石器・石材組成表

母岩	ナイフ	石刃	小石刃	剥片	砕片	合計
黒色頁岩1		2				2
チャート1	1					1
チャート2	5	2		25	3	35
チャート3		1				1
粘板岩1	2	5	1	14	2	24
片岩1				1		1
合計	8	10	1	40	5	64

第6図　清水が丘遺跡の石器

125

の遺跡は以上のようにまだ調査された遺跡も数少なく、調査面積も小さいため遺跡の構造云々には言及できる状況にはない。

まとめ

　府中崖線沿いの遺跡ではいずれもローム層厚が薄くその最下部付近に石器ブロックが検出されることもある。このことは最終氷期以降、多摩川が北から現在の南方に移動する過程で立川面の離水直後（Ⅳ中層）には旧石器人が早速活動を開始したことが確認でき、次のⅣ上層の段階に一気に活動域が広がっている様態がみられる（比田井2001）。立川面上では、さらに細石器の段階を経て、次の旧石器時代末の槍先形尖頭器の段階から縄文時代の草創期段階にも行動の痕跡を認めることができる。この段階で確認された石器製作ブロックはほとんど見られないが、遺物の出土から立川面の谷状凹地周辺が狩猟域として活発に利用されていたことが読み取れる[2]。それ以降でも、谷状凹地周辺ではしばしば縄文時代の落とし穴や集石土坑が検出されることから活動領域として断続的ではあるが利用されていたことが明確になった[3]。

　以上立川面の府中市域で調査されている旧石器時代の遺跡について紹介したが、いずれも断片的でそれぞれの遺跡について十分に検討に耐えうる程の資料が出揃っているわけではない。しかし、いずれも野川本流域の遺跡とは異なり、活動痕跡は概して「小規模で」、一地点において重層的に文化層が残された遺跡が少ないことが指摘できる。このことは恒常的に安定した湧水が得られることがなかったために、再度同一地点に回帰することがなかったためであろうか。そのため終始活動の拠点的な場所ともなり得なかったのであろうか。本稿で取り上げた地域の北側には学史的にも著名な野川遺跡群が展開している。多摩川を南に望むように開けた旧石器時代の野川上流域（特にⅣ層段階）はその遺跡数・規模からいっても武蔵野台地周辺では屈指で、同じ武蔵野台地の北東部の荒川に面した地域よりも立地・環境においても勝っていたとされ、人口の増加も想定されている（比田井2004など）。より南側の立川面では少し遅れて第Ⅳ層以降の段階に積極的な活動が展開され

立川面の旧石器時代遺跡－その分布と古地形－

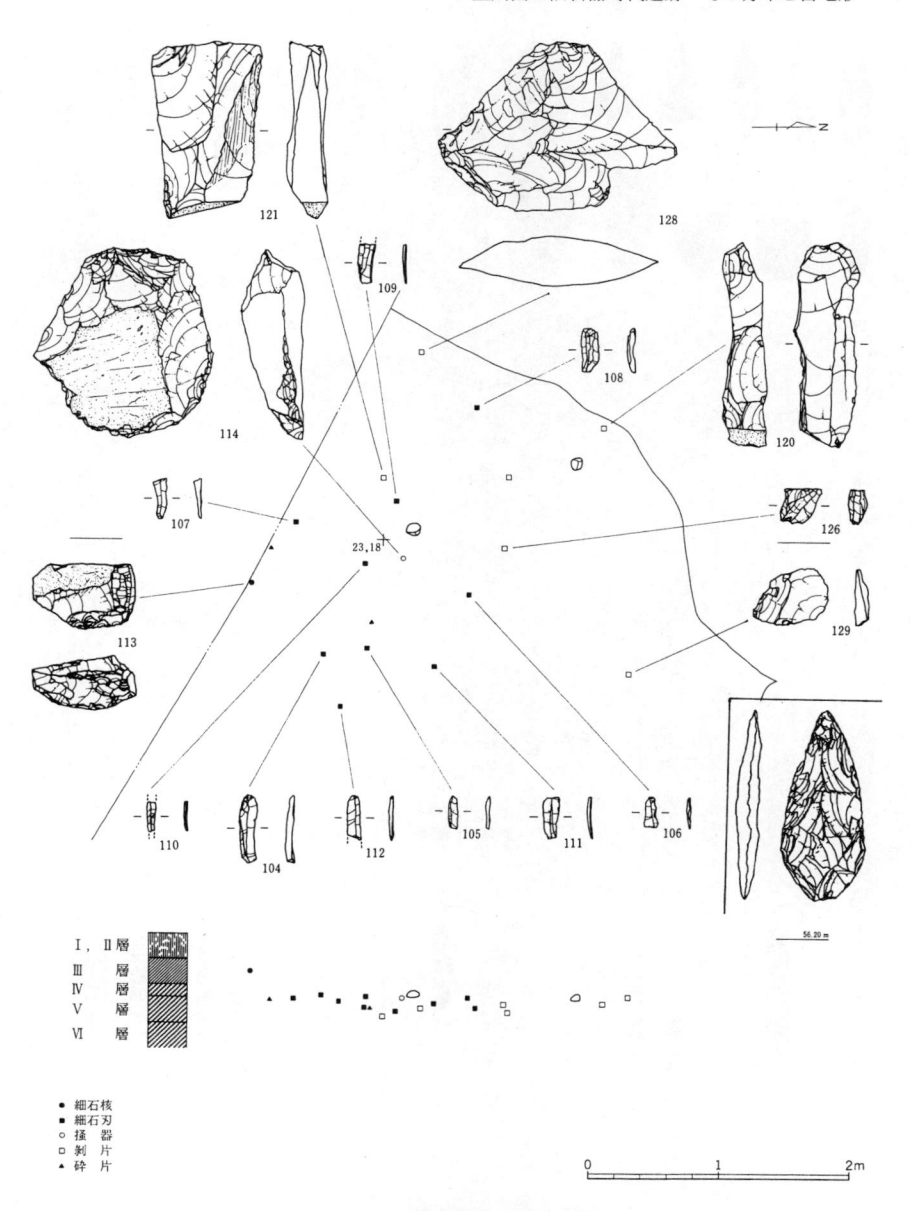

第7図　天神町遺跡の出土状態

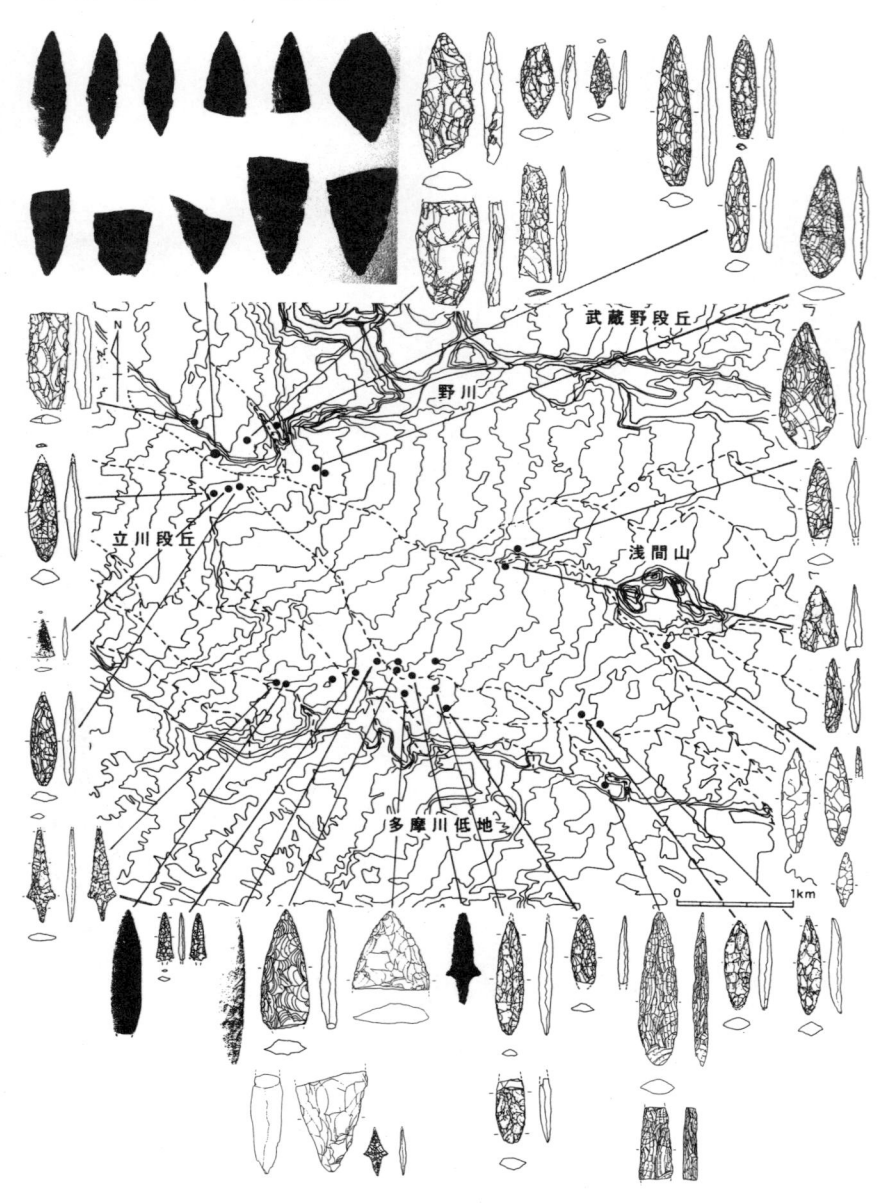

第 2 部　公開シンポジウム基調報告

第 8 図　府中市付近の立川段丘を中心とした旧石器時代末～縄文時代草創期の尖頭器の分布

た痕跡を見出すことができる。そのような点を考慮する中で、当地域は野川本流域の遺跡群の生活領域の一部であったのか否か、またそれが時代によってどのように推移していったのか今後の研究課題である。石器群などの具体的な分析を通じての検討など今後に向けての課題は多い。

おわりに

　現在、立川段丘上の埋蔵文化財包蔵地としての指定範囲は恣意的であり、当然遺跡の全面をカバーしている訳ではなく、そういう意味では確認された旧石器時代遺跡は極めて幸運にも偶然に調査できた蓋然性が高いのである。また包蔵地としての指定地内でも、試掘調査では縄文時代以降の遺構の確認調査に比べてその確認は容易ではないともいえるのである。旧石器時代の遺跡に限らないが、現状での発掘調査は、広く点在する生活痕跡のほんの一部に窓を開けたような状態であり、数少ない調査事例で云々できる段階ではないが、今回の報告が少しでも立川面上の遺跡の今後の調査の指針になればと思っている。

　注
1)　野水埋没川と天神町谷の間の発掘調査を実施していないので、地形上連続するかどうか不明な点もあるが、一連の凹地と考えている。立川面では他の場所でも谷状凹地がみられるが、旧石器時代の生活痕跡が確認された場所は少ない。これは必ずしも確認調査が十分に行なわれているわけではないので正確な遺跡の密度や実数を示していないであろう。
2)　旧石器時代終末から縄文時代草創期にかけての槍先形尖頭器や有舌尖頭器が石器ブロックなどの遺構を伴わずに、単独で谷状凹地付近から発見されている。当地域に限らないが、ナイフ形石器の段階とは異なり、移動中状況に応じて適宜石器を製作したというのではなさそうである。特に草創期初頭の時期の石器製作址は少なく、拠点的な特定の遺跡に集約される傾向にあることが明白である。例えば至近では武蔵台遺跡の崖線直下の立川段丘上の武蔵台西地区などで制作址が確認されている（東京都埋蔵文化財センター 2004）。また立川面での埋没地形に沿った尖頭器の単独出土のあり方は、立川市砂川町付近で既に報告されているが（宮崎1967、キーリー1971）これらの分布のありかたと同様な状況であろう。

3) 武蔵野台地北部（黒目川以北）では当地域と同様な谷状凹地が分布し、そのような場所を「野水」と呼称しているが、そこでは旧石器時代の遺跡は確認できるが、縄文時代の活動は低調だという（加藤2006）。天神町遺跡などとは以降の水環境などに相違があるのであろうか。

参考文献
■発掘調査報告書
朝日町遺跡
府中市遺跡調査会　1999　『朝日町遺跡　都市計画道路府中3・4.・26号線地区発掘調査の概要』　多摩都市整備本部北多摩整備事務所・府中市教育委員会
府中市教育委員会・府中市遺跡調査会　2000　『朝日町遺跡調査報告1　都市計画道路府中3・4・22号線建設に伴う発掘調査』
府中市No.29遺跡
比田井民子・五十嵐　彰　1996　『府中市No.29遺跡』　東京都埋蔵文化財センター調査報告第29集
白糸台遺跡
坂詰秀一・野田憲一郎　2000　「府中市　武蔵国府関連遺跡1097次調査（白糸台地域下層遺跡）」『東京都遺跡調査・研究発表会26発表要旨』
府中市教育委員会・府中市遺跡調査会　2005　『武蔵国府の調査30―平成12年度府中市内調査概報―』
清水が丘遺跡
府中市教育委員会・府中市遺跡調査会　2002　『武蔵国府の調査22―平成11年度府中市内調査概報―』
分梅町（武蔵国府関連遺跡高倉・美好町地域）遺跡
府中市教育委員会・府中市遺跡調査会　2004　『武蔵国府の調査25―平成7年度府中市内発掘調査概報―』
峰上遺跡
国立市教育委員会・国立市遺跡調査会19　『峰上遺跡』
天神町遺跡
府中市教育委員会・府中市遺跡調査会　1988　『武蔵国府関連遺跡調査報告Ⅸ　天神町遺跡調査報告Ⅰ』
府中市教育委員会・府中市遺跡調査会　1991　『武蔵国府関連遺跡12　天神町遺跡調査報告Ⅱ』

府中市教育委員会・府中市遺跡調査会　1999　『武蔵国府関連遺跡調査報告 23　天神町遺跡調査報告 3』
※武蔵国府関連遺跡では、上記の遺跡の他に旧石器時代の遺物のみが単発的に出土している遺跡（調査地区）がある。

■　論文その他

加藤秀之　2006　「武蔵野台地北部の旧石器時代遺跡」『野川流域の旧石器時代フォーラム―明治大学調布付属校用地遺跡の遺跡調査から―』講演会・公開シンポジウム資料集』

川辺賢一　2004　「立川面の遺跡とその分布―府中市・調布市・狛江市の遺跡―」『第 10 回石器文化研究交流会発表要旨』　石器文化研究会

キーリー、C.T.　1971　「東京都立川市西砂川遺跡発見の新資料」『考古学ジャーナル』58　ニューサイエンス社

中山真治　2006　「第 1 編　国府以前　第 1 章　氷河期の狩人たち」『新版府中市の歴史』府中市教育委員会

比田井民子編　2001　『多摩川流域の段丘地形と考古学的遺跡の立地環境』　とうきゅう環境浄化財団

比田井民子　2004　「武蔵野台地における野川流域遺跡群の成り立ちと立地環境について」『第 10 回石器文化研究交流会発表要旨』　石器文化研究会

比田井民子　2005　「多摩川流域の旧石器時代遺跡」『地域と文化の考古学Ⅰ』　明治大学考古学研究室編　六一書房

府中市郷土の森　1990　『氷河期の狩人―武蔵野台地の旧石器　展示図録』

松田隆夫・大倉利明　1988　「立川段丘と凹地地形について―府中市周辺の立川面の区分―」『府中市郷土の森紀要』1

松田隆夫　1992　「府中市朝日町地内の地形・地質」『飛田給北遺跡』　東京都埋蔵文化財センター

松田隆夫　2001　「第 2 節　地形と自然環境」『武蔵国分寺跡調査報告 5―南西地域の調査 1―』　府中市教育委員会・府中市遺跡調査会

宮崎　紀　1967　「砂川発見の石槍について」『立川市史研究』1

第2部　公開シンポジウム基調報告

武蔵野台地北部の旧石器時代遺跡
―「野水遺跡群」を中心にして―

加藤　秀之

1. はじめに

　武蔵野台地北部には、不老川・砂川という河川、逃水・堀難井・水押・霞野といった地名、さらに「野水」といった現象名等、「水」、特に乏しい水に関わる地名・名称・伝承等が数多く見られる地域である。武蔵野を知らない京都に住まう平安時代の歌人にも武蔵野の逃水が枕詞として詠まれているように、古代から武蔵野台地で見られる現象は広く知れ渡っていた。

　武蔵野台地における先史時代の遺跡分布と水環境については、これまで調査成果から密接な関連をもつことが論じられてきているが、乏しい水に関わる当該地域については遺跡の空白地帯として注視されてきていなかった。近年、その空白地帯とされていた地域において旧石器時代遺跡が新たに発見、発掘調査が行われはじめ、微地形の復元によりこうした遺跡が埋積谷に沿うように分布することが明らかとなり、従来の武蔵野台地北部の遺跡分布が大きく塗り代わろうとしている。本稿では、新たに埋積谷沿いから発見されてきた遺跡、「野水遺跡群」（森野1997、2006）について紹介していくこととする。

2. 地形・河川

　武蔵野台地北部は、武蔵野台地の行政区画上で埼玉県に属する部分の大半、地形的に見ると東西は狭山丘陵から荒川低地まで、南北は柳瀬川から不老川に相当する。武蔵野台地は、西部を中心にこれまでも東京都青梅市付近を扇頂部とした古多摩川により形成された扇状地地形として周知されてきているが、その青梅を扇頂部としたときに、北部の荒川低地に近い所沢市下富付近の礫層の礫の粒径は、南部の多摩川沿岸のほぼ同距離の礫層の礫の粒径

とを比較すると明らかに大きく、そして地表勾配をみても上・下流を通じて変化なく高いことから（羽鳥2004b）、武蔵野台地の中でもより明瞭な扇状地的地形として特徴づけられている地域である。

地形面として大きく見ると、幅広く流れていた古多摩川が分流した際に残された多摩面である狭山丘陵、その北東には下末吉面である所沢台、そして北側全体に武蔵野2面（M2面）[1]が広がり、砂川下流域には武蔵野3面（M3面）、続いて不老川の面である立川面（Tc面）、さらに立川面も狭小ながら同じく砂川下流域や荒川低地に臨む崖線下にも見られ、その広がりは古多摩川が離水していく過程を見て取ることができる。

現在北部を流れる河川には、狭山丘陵に端を発する延長の長い柳瀬川・砂川・不老川と、台地縁辺部近く・特に標高30ｍ前後の湧水に端を発する富士見江川とその支流、福岡江川等の小河川がある。

柳瀬川は、古多摩川の名残川で、同じく狭山丘陵に端を発する六ツ家川・東川等複数の小河川を集めて荒川低地に流れる河川であり、特に、左右両岸とも明瞭な崖線が形成され、左岸中〜下流域には台地縁辺部に谷頭浸食による小支谷が数多く見られる。砂川は北東方向に荒川低地に流れるうちに中流域で開析された谷地形も浅くなり一度伏流水となってから下流域になって再び表出するという尻無川・末無川・水無川と称されている河川で、不老川は多摩川が立川期まで荒川低地に流れこんでいた名残川であり、その名が表すように渇水期には伏流水化し涸渇する河川であった。

標高30ｍ前後の扇端部湧水を水源とする小河川はいずれも明瞭な谷地形が形成された河川であるが、1/2500都市計画図の等高線や土地条件図では現在の源流よりさらに上流にまで延びる浅い谷地形を見ることができる。M2面の富士見江川の支流である唐沢（堀）には、幾筋もの浅い谷＝埋積谷が南西方向、狭山丘陵方向へと辿ることができ、砂川にも向かう埋積谷も含めると、柳瀬川と砂川の間には平行して複数の埋積谷が存在している。そしてこれらの埋積谷は、いずれも標高50ｍ付近に円形の凹地状の谷頭部をもつ地形を呈している。その他、砂川左岸のM3面にも現在流れるさかい川沿いだけでなく複数の埋積谷がある。こうした埋積谷周辺には藤久保、永久保、名

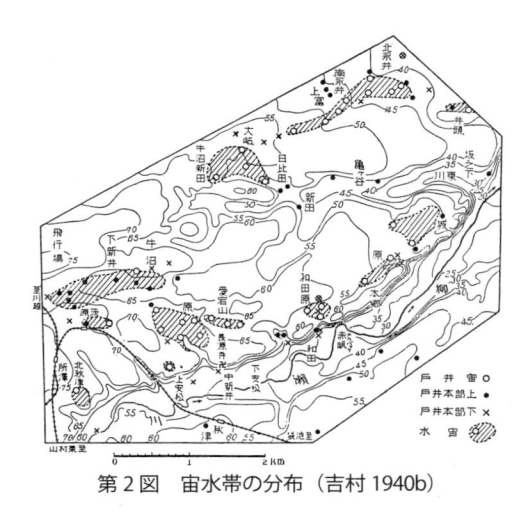

志久保、亀久保、東久保等という地名が多く残され、現在も台風や集中豪雨のような相当量の雨量があるとこれら地域では凹地から水の湧出、野水が出ることがある[2]。

第2図　宙水帯の分布（吉村1940b）

3. 武蔵野台地北部の埋積谷・凹地

武蔵野台地北部に埋積谷（窪地・凹地）地形[3]が存在することは、昭和10年代から知られるところであった。武蔵野台地の地下水を研究していく中で吉村信吉は、武蔵野台地北部、柳瀬川や東川に近い部分に細長い埋積谷が平行して見られること、この地域の地下水には三種類の地下水（上部・中部・下部帯水層）が存在し、特に上部帯水層は粘土化したローム層上に帯水する宙水と言われるものであり、埋積谷と宙水の分布はほぼ一致することを明らかにした（吉村1940、1943、吉村・古川1940a、1940b）。その特徴としては、次のようなことが指摘された。

・埋積谷の比高は5mより大きいものは少なく2m内外の場合が多い。
・埋積谷の下流は河成浸食谷に入り、時としてはその源をなすこともある。
・埋積谷は時として次第に比高を減じて台地中に跡を失い、大抵は地形図には表現されていないが、埋積谷の末端は逆勾配になっていることさえある。
・埋積谷中に一年中水のあることはない。
・豪雨後には一時的に水が溜まる。これを野水、寄り水と言う。
・浅く細長い埋積谷の所在は、宙水域とよく一致している。たとえ埋没谷の全体に亘り宙水がなくても、埋積谷の頭部に宙水があることは総ての埋没谷に共通している。
・宙水帯の特徴としては年間を通じて大きな水位に変化はなく、渇水期に

は逆に増水することさえある。

この埋積谷の形成要因についてはその後十分説明されてこなかったが、羽鳥謙三は武蔵野台地全域の埋積谷分布から扇状地面形成当初のローム降灰以前から存在した原扇状地礫層の地表に存在した湧水点の名残りと

写真1　中東遺跡の野水

旧流路地形に関連することを明らかにし（羽鳥2004a、b）、埋積谷地形の形成を地下水位低下に伴う流路を維持することのできない水量の涸渇化とローム層の堆積形成の結果とした。

武蔵野台地北部の標高50m付近に見られる円形の凹地の形成については、流路の涸渇化後も断続的にあった湧水により、その流水がロームを流出することによって生じた谷頭部であり、閉塞された谷は流路を維持する程ではない水量であったため伏流水化したものと解される。断続的な湧水の成因は、吉村の指摘した粘土化したローム層上に帯水した宙水帯からの湧水、相当量の雨量があった際の溢水によるものである。

旧石器時代遺跡の形成される立川ローム堆積期は、宙水帯からの湧水現象が断続的に繰り返されてきた時代に相当し、恒常的に水環境に恵まれた武蔵野台地南部よりも遺跡形成は水環境の変動に極めて敏感であったことを意味しており、埋積谷沿いに発見された遺跡（野水遺跡群）の時間的・空間的分布の検討は、武蔵野台地北部の旧石器時代の行動論を展開していく上で重要な意味を持ってくるであろう。

写真2　中西遺跡の野水

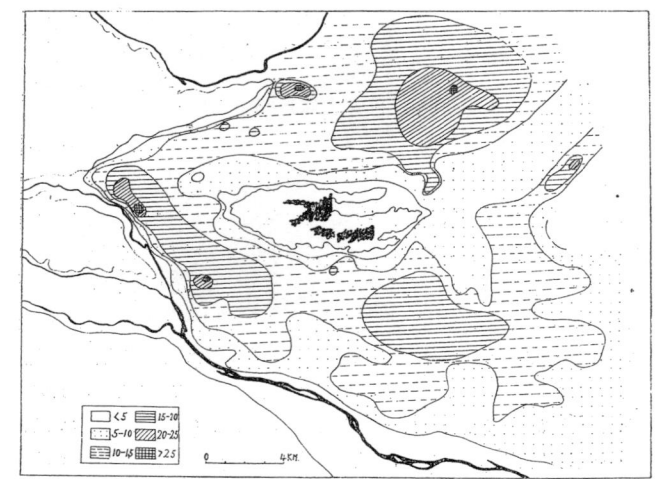

第2部 公開シンポジウム基調報告

第1図 武蔵野台地北部における井底面までの深度分布（今村・矢島1936）

4. 野水遺跡群の分布と内容

　これまで武蔵野台地北部における旧石器時代遺跡と地形・河川との関わりについては、現在でも河川が流れ、また明瞭な崖線を有する地域を対象に遺跡調査が進められ、遺構・遺物の発見が積み重ねられ議論されてきた。柳瀬川・砂川上流域の砂川遺跡・白旗塚遺跡・中砂遺跡等、富士見江川流域の藤久保東遺跡群・新開遺跡・松ノ木遺跡・打越遺跡等、砂川下流域の東台遺跡・本村遺跡・貝塚山遺跡等であり、入間川、現在の荒川本流に面する遺跡は少なく、中小河川流域に多く分布する傾向があるという指摘である。

　こうした議論の中で旧石器時代遺跡の空白地域とされていた場所が、現在では河川とはならずに先述したような幾筋もの凹地状の埋積谷が見られる、所沢市・川越市・狭山市・ふじみ野市・三芳町との行政界付近であり、「三富新田」とその周辺に相当する。ここは、近世前期までは武蔵野の原野・秣場であり、中期以降に新田として開発されたが、特に水の確保は困難を伴い井戸は約22mという深井でありながら真夏には水も出ないこともあったとされ、これまで水との関わりが低かった地域である。地表から井戸の底までの深さ分布でも武蔵野台地内で最も深い地域となっていることがわかる（今

136

村・矢島1936)。

　この地域における旧石器時代遺跡の発見は、ここ十数年のことであり武蔵野台地上の遺跡としては新しいものである。これには森野譲による精力的な踏査によるところが大きく、採集された資料をもとに新たな遺跡が発見され(森野1993、1997)、そのほとんどが埋積谷地形に沿うように分布することが明らかとなってきた[4]。森野は、これらの遺跡が一時的に地表に溢れ出る、地元で「野水」と呼ばれる現象のある地域に相当することから「野水遺跡」と総称している(森野1997)。その後、これら地域内において開発行為等に伴う発掘調査も行われはじめ、所沢市駿河台遺跡、三芳町中東遺跡・三芳町南止遺跡・三芳町南新塋遺跡において良好な旧石器時代の遺構・遺物が検出されるようになった。なお、「野水遺跡」という名称については個別

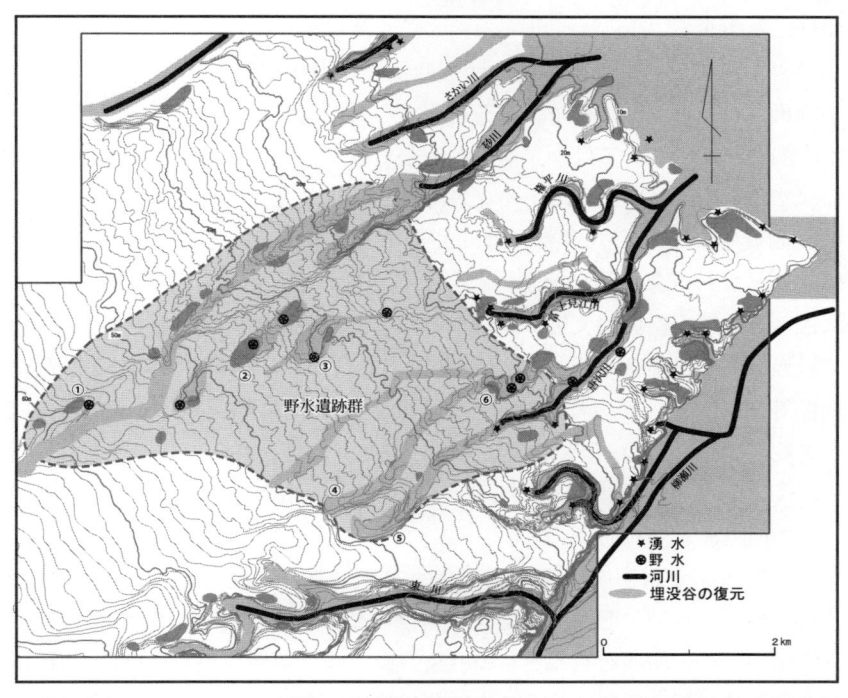

①駿河台遺跡　②中西遺跡　③中東遺跡　④南止遺跡　⑤南平遺跡　⑥南新塋遺跡
　　　　第3図　武蔵野台地北部「野水遺跡群」の分布

遺跡との混同を避けるため、森野は「野水遺跡群」という名称を使用することとしており（森野 2006）、本稿でもそれを踏襲することとした。

以下、発掘調査された遺跡毎にその概略を記すこととする。

写真3　駿河台遺跡

1）駿河台遺跡（するがだい）

所沢市大字下富所在。標高は 55 〜 60 m。砂川が中流域で一度伏流水化し谷地形が見られなくなったあと、再び水流が表出し谷地形が形成された左岸側に位置する。

森野の採集資料では、調整池から西側の台地縁辺から 160 点以上の石器が採集され、石器には黒曜石を石材とする尖頭器・ナイフ形石器等がみられる。帰属時期についてはナイフ形石器からⅣ層上部のナイフ形石器終末期に帰属するものが多いようである（森野 1993）。

平成 9 年に所沢市教育委員会による発掘調査が実施され、Ⅳ層上部に帰属すると思われる黒曜石を主体とした石器群が出土している[5]。平成 12 年には（財）埼玉県埋蔵文化財調査事業団による発掘調査が実施され、小規模で散漫な石器集中 6 カ所、礫群 3 基が検出された。石器群にはナイフ形石器・削器等があり、Ⅳ層上部に帰属する石器群とⅦ層に帰属する 2 時期があるとされている（（財）埼玉県埋蔵文化財調査事業団　2001）。

2）中東遺跡（なかひがし）

三芳町大字上富字中東所在。標高は 40 m 前後。（仮）埼玉県近世開拓史資料館建設予定地の西側の凹地（通称サガヤマ）を谷頭として北東方向へ向う埋積谷とその南西を谷頭として北東方向へ向う埋積谷が関越自動車道付近で合流する付近に位置する。この埋積谷は途中で比高差がなくなり、砂川の谷に流れ込むのか富士見江川の谷につながるのか、その延長は不明瞭となる。

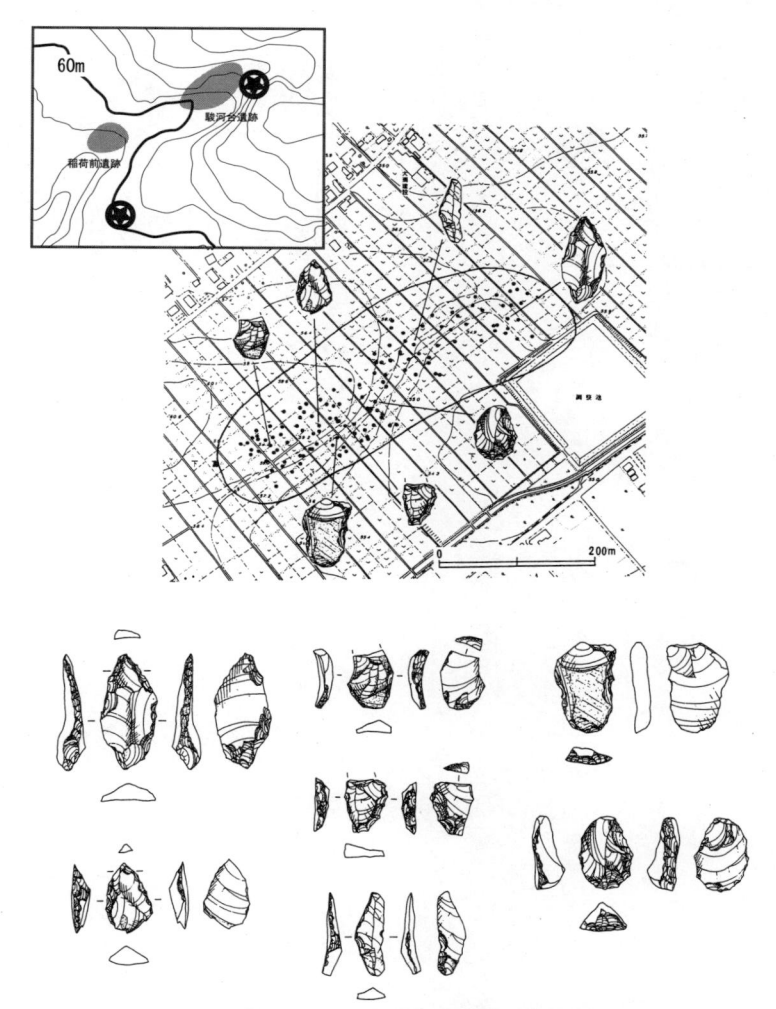

第2図　駿河台遺跡と採集石器（森野1993）

　森野により角錐状石器等が採集されていた遺跡で（森野1997）、平成7年に三芳町教育委員会による発掘調査が埋積谷右岸で実施され、Ⅵ層から石器集中4カ所、Ⅶ層から石器集中3カ所・礫群1基が検出された（柳井編1996）。Ⅵ層の石器群はナイフ形石器、剥片、石核のほか磨石がみられる。

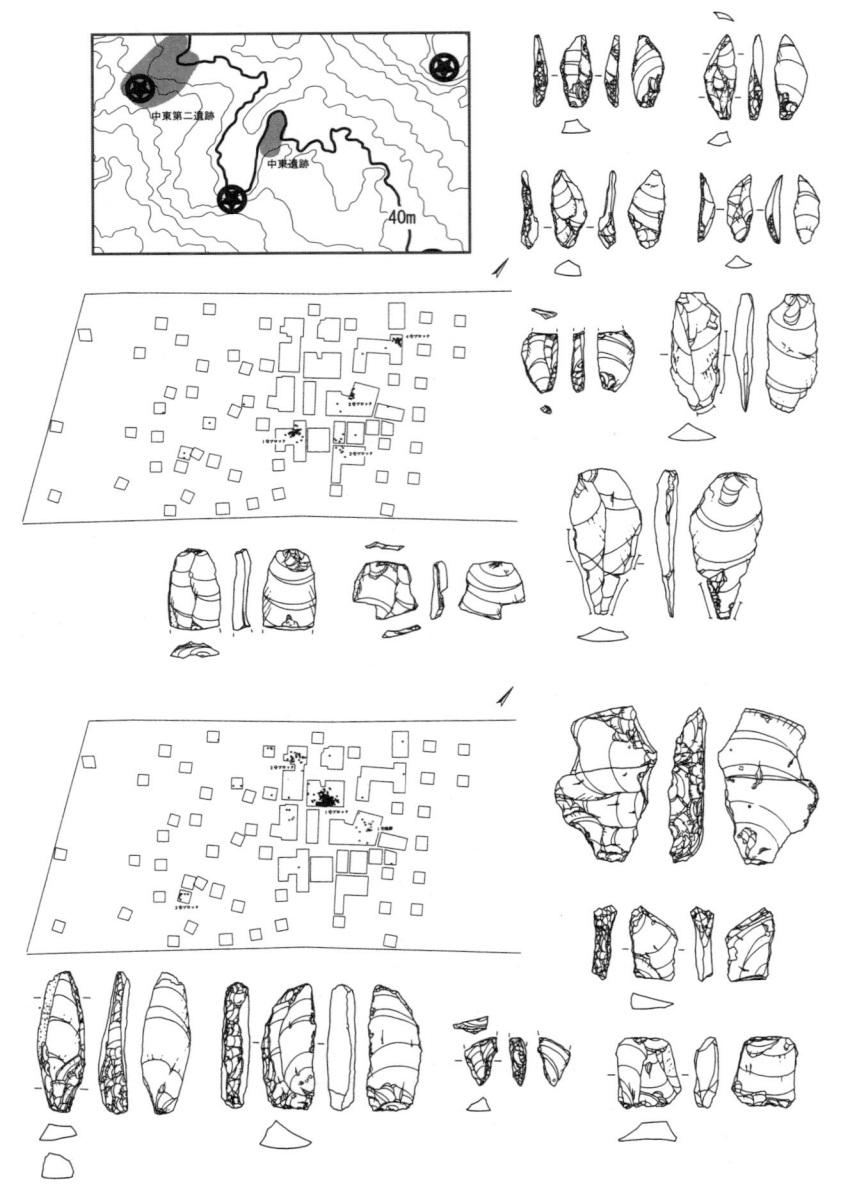

第 2 部　公開シンポジウム基調報告

第 3 図　中東遺跡と出土石器（柳井編 1996）

石材は黒曜石・チャート・頁岩で構成されるがブロック毎に石材に差異がある。Ⅶ層の石器群にはナイフ形石器、彫器、ピエスエスキーユがみられる。石材は規模の大きい1号ブロックは黒曜石を主体とし、規模の小さいブロックはチャート、砂岩等で構成されている。

3）南止遺跡（みなしず）

　三芳町大字上富字南止所在。標高は45～54m。1／2500都市計画図の等高線、土地条件図では唐沢（堀）の上流につながる埋積谷の谷頭部は2つの凹地となっており、北側の谷頭部に南止遺跡が、南側の谷頭部に南平遺跡が位置する。地形

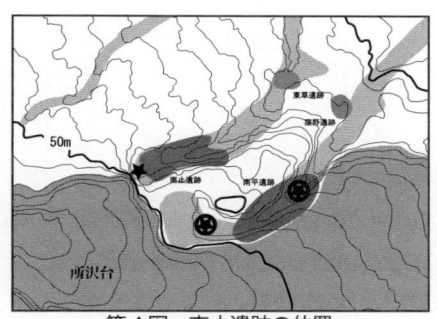

第4図　南止遺跡の位置

面では所沢台（S面）から大井台（M2面）への転換点に相当し、所沢台を涵養した宙水が武蔵野面との境界にから滲出しやすい地形であり、埋積谷下底は粘性の高い白色粘土層（水付きローム）となっており[6]、野水の水量が豊富であったことや近代初頭には水車が設けられたという伝承もあり台地扇央部の谷頭部として宙水帯の中でも良好な湧水環境であったと見られる（松本2006）。

　平成7・9・12～15年に三芳町教育委員会による発掘調査が実施され、埋積谷に沿うようにしてⅢ～Ⅶ層にかけて石器集中、礫群が検出され、多量の石器群が発見された（柳井編2003、大久保ほか2006）。整理途上であり石器群の詳細は不明であるが、内容としてはⅢ層上部で石器集中1カ所（黒曜石製細石刃石器群）、Ⅲ層で石器集中2カ所・礫群2基、Ⅳ層上部で石器集中3カ所・礫群2基、Ⅳ層下部で石器集中3カ所・礫群11基（ナイフ形石器・角錐状石器・剥片尖頭器）、Ⅴ層で石器集中1カ所・礫群2基、Ⅶ層で礫群1基（ナイフ形石器）等がある。

　南止遺跡で検出された石器集中と礫群は重層的に文化層を形成していること、武蔵野台地北部の旧石器時代遺跡の中では豊富な石器点数であること

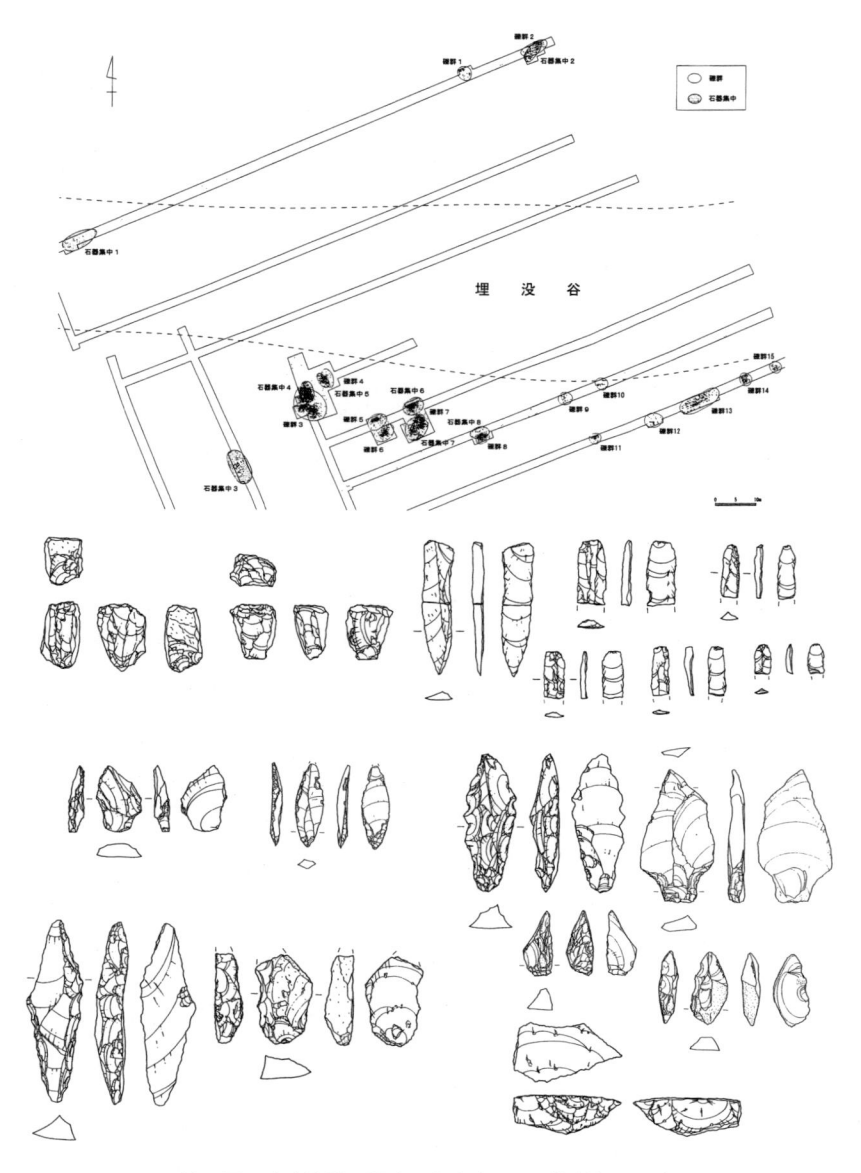

第 2 部　公開シンポジウム基調報告

第 5 図　南止遺跡の調査区と出土石器（柳井編 2003）

から、富士見江川谷頭部に立地する藤久保東遺跡群のような水源地遺跡と位置付けられようか。

4）南新堀遺跡（みなみしんの）

三芳町大字藤久保字南新堀所在。標高は 29 〜 33 m。

写真4　南止遺跡

南止遺跡周辺を谷頭とする埋積谷が三芳町浄水場付近で北西からのもう一つの埋積谷と合流した下流部に位置する。

平成 16 年に三芳町教育委員会による発掘調査が埋積谷右岸で実施され、Ⅳ層から規模の小さい礫群 1 基（ナイフ形石器 1 点含む）が検出された（大久保ほか 2006）。平成 18 年には埋積谷部分の調査が実施され、今後土壌分析等により谷の埋積過程の復元が期待される[7]。

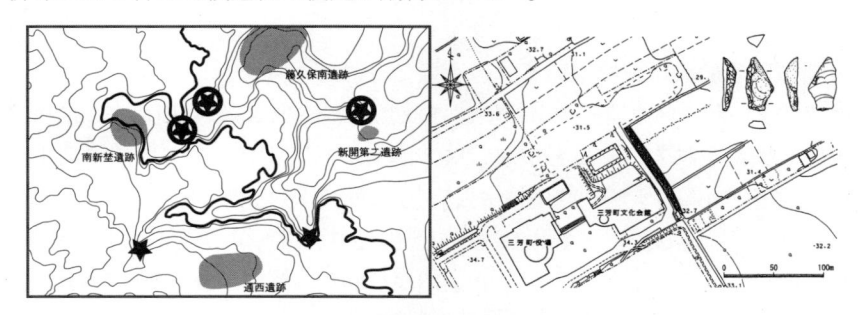

第 5 図　南新堀遺跡（大久保ほか 2006）

5.「野水遺跡群」の展開

詳細な踏査及び発掘調査によって明らかになった「野水遺跡群」は、M 2 面内の埋積谷に沿うように分布している。踏査による採集資料では、Ⅳ層上部のナイフ形石器終末〜砂川期の石器群が多く、Ⅶ層段階と思われる石器群も僅かに見られる程度であるが[8]、発掘調査で確認された石器群は、Ⅲ層上

部の細石刃石器群（南止遺跡）、Ⅳ層上部のナイフ形石器終末期～砂川期の石器群（駿河台遺跡・南止遺跡）、Ⅳ層下部・Ⅴ層段階の石器群（南止遺跡・南新堊遺跡）、Ⅵ層段階の石器群（中東遺跡）、Ⅶ層段階の石器群（駿河台遺跡・中東遺跡・南止遺跡）と時期に偏りはなく多時期にわたっており、ある一時期に水環境が良好になったというのではなく旧石器時代を通じて断続的に埋積谷に水が流れることがあったことを物語っている。遺跡の規模は、駿河台遺跡・中東遺跡・南新堊遺跡のように石器点数が少ないこと、多様な石材消費・集中的な石器製作はなく、石器組成も単純であること、礫群も小さく、繰り返し利用されたような状況は示していないことからみて、頻繁な回帰行動ではなく、短期的で単純な回帰行動か1回限りの居住というような「小規模遺跡」が多いと見られるが、南止遺跡のように文化層は重層的で、時期によっては集中的な石器製作、多数の礫群があり、宙水帯の中では良好な湧水環境と見られる立地から、回帰性の高い「大規模遺跡」も存在する。南止遺跡の南側に位置する所沢市南平遺跡も未調査ではあるが立地環境が同様であり、南止遺跡と合わせて谷頭部周辺に広がる遺跡群として把えられるのかもしれない。

　埋積谷の形成過程については、土壌分析等で十分明らかになっているわけではないが、中東遺跡や南新堊遺跡の土層断面ではほぼ立川ロームの標準土層が観察されていることから、Ｍ２面期に形成された古多摩川の河川流路が武蔵野ローム上層～立川ローム最下層期頃から常に水流を保つことができず埋積が進行したようである。しかし、現代でも相当量の降雨時には「野水」が出現しているように、それより水環境が良好だった立川ローム堆積期では、降雨の多い時期になると一時的に流れを作り、溜まっていることがあったと思われる。松田隆夫等による武蔵野台地南部の立川面の凹地に堆積した立川ロームの状況から、野水程度の出水ではテフラ粒子を混濁することはあっても、累積したテフラ層を消失させるほどにはならず、テフラ層位・累積性を失わせることはないとされており（松田・井出・菅頭2005）、当該地域の埋積谷内の立川ロームの堆積も同様に理解することができよう。また、南止遺跡では埋積谷に堆積するローム層は比較的浅い部分まで白色粘土化してお

り、宙水帯の中でも湧水環境が良好であった谷頭部も存在していた。

　中小河川流域に分布するという特徴をもつ武蔵野台地の旧石器時代遺跡の分布は、遊動生活する人々にとってその行動は水環境という自然環境の一つに大きく影響されたことを物語っている。武蔵野台地北部の武蔵野面上に見られる埋積谷は、標高 50 m 付近に存在する谷頭部のように湧水環境が良好で比較的水環境に恵まれた地点と、ローム層の堆積状況からみて常に水に恵まれた環境ではなく相当量の雨量がある時期に限定された季節的に出水する（現代でいえば 3 月下旬、梅雨期、台風シーズンのうち相当な雨量のあった時に出水する）地点の二者が存在する。水環境の異なる二者に立地する遺跡は、生業活動のような機能差あるいは遺跡の季節性を示していることも推測される。さらに埋積谷から出水する野水についても、地形・位置・地下水堆の状況により通年的、一時的、季節的なものがあれば、野水遺跡群の中でも機能さ差あるいは季節性があるのもしれない（森野 2006）。しかし、明らかになってきた野水遺跡群は、遺跡群全体として議論するまでのデータの蓄積はないことから、発掘調査事例の増加を待って個々の遺跡内容、立地に沿った遺跡分布・石器群の分析を含めた遺跡内容・遺跡の類型化・時期別の遺跡分布の動向等といった考古学的検討と、立地環境、自然化学分析を含めた地形形成等古環境の分析を積極的に加え、特に水環境との関わりの中で位置づけしていくことによって当該地域の旧石器時代誌を理解することができるであろう。

　資料作成にあたり、第 11 回石器文化研究会交流会実行委員会の諸氏からは準備段階からの討議・情報交換を通して多くのご教示をいただきました。また、森野譲氏からは資料の提供を、西井幸雄氏からは図版作成に協力いただきました。感謝致します。

　　注
1)　武蔵野台地北部の地形面については、ローム層の厚さが薄いこともあり一部に不明瞭で確定されていない面もある。本稿で使用した武蔵野 2 面・3 面の名称も調査精度の点から暫定的なものとして取り扱った（羽鳥 2004b）。
2)　近年では、平成 16 年 10 月 9 日に台風 22 号（Ma-on）と 21 日に 23 号（Tokage）

第 2 部　公開シンポジウム基調報告

　　が関東地方を通過した際の降雨により、凹地の各所で水の湧出が見られた。
 3)　浅い谷については、埋没谷、窪地、凹地等の名称が用いられるが、本稿では埋積谷と統一した。
 4)　武蔵野台地上で旧石器時代の遺物を踏査により採集できるのは、当該地域が近世に開拓された新田地域であり未だ畑が多く残されていること、そして畑は冬の強風で土が巻き上げられロ－ム層までが浅くなっていること、長年の耕作はロ－ム層まで達していること（当該地域はかつては入間牛蒡の産地）、また開拓時の造成・削平がロ－ム層まで達していること等の諸条件が重なったことにもよる。一方で、これまで発見されてこなかったのはこの地域に縄文時代～古代にかけての遺跡がほとんど分布していなかったこともある。
 5)　所沢市埋蔵文化財調査センター・中島岐視生氏教示。
 6)　三芳町教育委員会の発掘調査時に実見。
 7)　三芳町教育委員会・松本富雄氏、大久保淳氏教示。
 8)　森野譲氏採集資料実見。

参考文献

荒井幹夫　1979　「武蔵野台地北東部地域の第Ⅱ期の石器群」『神奈川考古』第 7 号　神奈川考古同人会

今村学郎・矢島仁吉　1936　「武蔵野の地質構造（武蔵野研究其の 2）」『地質学雑誌』第 43 巻（510）　日本地質学会

大久保淳ほか　2006　『町内遺跡発掘調査報告書Ⅵ』三芳町埋蔵文化財報告 32　三芳町教育委員会

貝塚爽平　1979　『東京の自然史（増補第二版）』　紀伊國屋書店

加藤秀之　1997　「武蔵野台地北東縁部と入間台地の概要」『埼玉考古』別冊第 5 号　埼玉考古学会

加藤秀之　2003　「柳瀬川流域の旧石器時代遺跡」『あらかわ』第 6 号　あらかわ考古談話会

（財）埼玉県埋蔵文化財調査事業団　2001　『年報』21

砂川遺跡調査団編　1997　『埼玉県所沢市砂川旧石器時代遺跡―範囲確認調査および砂川流域旧石器時代遺跡群分布調査報告書―』　所沢市教育委員会

野口　淳　1997　「武蔵野台地北部における旧石器時代遺跡群」『埼玉県所沢市砂川旧石器時代遺跡』　所沢市教育委員会

野口　淳　2000　「武蔵野台地：黒目川以西」『石器文化研究』8　石器文化研究会

野口　淳　2004　「武蔵野台地における後期旧石器時代遺跡の立地と地形」『明治大学校地内遺跡調査団　年報1』　明治大学

野口　淳　2005　「トレンチの土層断面観察所見」『武蔵野の森公園整備工事に伴う埋蔵文化財試掘調査　－東京都三鷹市大沢　武蔵野の森公園D地区－』三鷹市埋蔵文化財調査報告第29集　東京都建設局西部公園緑地事務所・三鷹市教育委員会・三鷹市遺跡調査会

羽鳥謙三　2004a　「武蔵野と下総台地の凹地地形の謎」『関東の四紀』23　関東第四紀研究会

羽鳥謙三　2004b　『武蔵野扇状地の地形発達　―地形・地質と水理・遺跡環境―』地団研ブックレットシリーズ11　地学団体研究会

羽鳥謙三・加藤定男・向山崇久　2000　「多摩川の変遷と武蔵野の地形発達」『多摩川流域の段丘形成と考古学的遺跡の立地環境』　財団法人とうきゅう環境浄化財団

比田井民子編　2000　『多摩川流域の段丘形成と考古学的遺跡の立地環境』　財団法人とうきゅう環境浄化財団

松田隆夫・井出浩正・菅頭明日香　2005　「東京都府中市・調布市・三鷹市周辺の凹地地形とテフラ」『明治大学校地内遺跡調査団　年報2』　明治大学

松本富雄　2006　「武蔵野台地北部の埋没谷と旧石器時代遺跡　―埋没谷の形成と遺跡分布―」『第11回石器文化研究交流会　発表要旨』　石器文化研究会

三芳町立歴史民俗資料館編　2002　『三芳の歴史』みよしほたる文庫4　三芳町教育委員会

森野　譲　1993「埼玉県駿河台遺跡の発見について」『明日への文化財』33　文化財保存全国協議会

森野　譲　1997「砂川流域遺跡群の成り立ち」『埼玉県所沢市砂川旧石器時代遺跡―範囲確認調査および砂川流域旧石器時代遺跡群分布調査報告書―』　所沢市教育委員会

森野　譲　2006　「武蔵野台地北部の野水遺跡群」『第11回石器文化研究交流会　発表要旨』　石器文化研究会

柳井章宏　2006　「南止遺跡・中東遺跡」『第11回石器文化研究交流　発表要旨』　石器文化研究会

柳井章宏編　1996　『中東遺跡発掘調査報告書』　三芳町教育委員会

柳井章宏編　2003　『町内遺跡発掘調査報告書Ⅴ』三芳町埋蔵文化財報告31　三芳町教育委員会

第 2 部　公開シンポジウム基調報告

吉村信吉　1939　「昭和 13 年に起った武蔵野台地地下水の渇水及び大増水」『地理学評論』15（3）　日本地理学会

吉村信吉　1940　「所沢町東方武蔵野台地の地下水、特に宙水と浅い窪地の成因、聚落立地との関係」『地理学評論』16（3）　日本地理学会

吉村信吉　1940　「武蔵野台地の地下水、特に宙水・地下水瀑布線・地下水堆と集落発達との関係（1）」『地理教育』32（1）　地理教育研究会

吉村信吉　1943　「所沢北東上富に於ける地下水の変化」『陸水学雑誌』13（2・3）　日本陸水学会

吉村信吉・古川啓爾　1940　「所沢町東方和田原、愛宕山の聚落発達特に宙水との関係」『地理学』8（10）　古今書院

吉村信吉・古川啓爾　1940　「所沢町東方和田原、愛宕山の聚落発達特に宙水との関係」『地理学』8（11）　古今書院

第 3 部　公開シンポジウム総合討論記録

野川流域の旧石器時代
－地形・環境の変遷と人びとの生活－

シンポジウム会場　2006 年 7 月 16 日

第3部　公開シンポジウム総合討論記録

　司会（野口　淳）：それでは討論に入ります。朝10時からこれまで、8人のパネラーによる基調報告をいただきました。まずはじめに立川面における最近の調査事例ということで、下原・富士見町遺跡における発掘調査、および調布市野水遺跡第1地点の発掘調査の報告をいただきました。続いて、地形あるいは地質に関連する報告を3本、さらに午後は考古遺跡の分布を中心とした武蔵野台地南部の様相、および対照事例として武蔵野台地北部の様相について発表していただきました。

　ここからは本格的に討論に入りたいと思います。今日のメイン・テーマは、後期旧石器時代の遺跡がどのような場所にあるのか、野川を中心とした地域を出発点として整理をし、そこでの人間の活動と当時の地形あるいは環境の変化・変遷の関連を整理できればと思います。また、午前中から午後にかけて質疑の時間をほとんど取れませんでしたので、適宜途中で会場からの質問を受け付けたいと考えています。司会は引き続き私、野口がつとめさせていただきます。

1. 野川流域の旧石器時代遺跡　－最近の立川面における調査から－

　司会：まず、野川流域の立川面における旧石器時代遺跡の発掘調査ということで発表いただきました、藤田さん、小池さんに、他のパネラーの報告を受けて、なにか補足事項がありましたらお願いしたいと思います。

　藤田健一：新たなことということではないですが、再度、大略をまとめます。下原・富士見町遺跡では礫層のすぐ上からⅢ層まで石器群が出土しているということ、それに加えて、Ⅳ層を境に遺跡の内容が変わってくる、爆発的に遺物量が増えます。これは先ほど、上杉さんがⅣ層から野川が安定するという話がありましたが、関連づけて

150

考えられることかもしれないと思います。

　司会：ありがとうございます。それでは、続けて小池さん、お願いします。

　小池　聡：発表の時は時間の都合で詳細を説明できなかったことがあるのですが、野水遺跡第1地点は調査区の南側で、東西に調査区を横切るように、北西から南東に張り出して、それからまた北東の方へ緩くカーブを描くように野川の支流の埋没谷が確認されています。この埋没谷は、最終的には土壌分析と考古遺物から判断して、縄文時代早期の撚糸文土器の時期には黒ボク土で埋まりきっていたという見解が出ています。

　司会：ありがとうございました。関連して、逆に藤田さん、小池さんの報告に対して、他のパネラーの方々から、なにか質問がございましたらお願いいたします。

　上杉　陽：下原・富士見町遺跡について、立川ロームⅢ層からⅦ層までは従来どおりの区分で、その下位に「A」という番号をふっています。そのうちのA4・A5層ですが、その区分はどのようになっていますか。私の所見では、粗粒なもの、細粒なもの、あわせて1つの層にしました。それぞれをA4・A5としたのか、きわのところをBにしたのか。その辺を。

　司会：藤田さんお願いします。

　藤田：下原・富士見町遺跡の立川ローム層下部の層序区分基準ですが、A3層は非常にしまっているので、それを手がかりにA3層の下限を設定します。それから、砂あるいはシルトが混じるB層の上限を区分すると、両者の間の層はスコリアの多少によって、スコリアの多い上の方はA4層、下位の少ない部分はA5層として分けています。

　司会：上杉先生、よろしいでしょうか。司会から補足させていただきますと、立川ローム層下部の堆積条件は、調査区内でも地点により異なっています。A3層から礫層までの層厚が5cm～10cmで、すぐにシルトか砂に移行してしまう地点があり、一方で（A4～A5層で）石器が出土した地点ではA3層の下位にかなり厚くローム質土が堆積している地点があります。このうちローム質土の厚い地点では、スコリアなどの内容物にもとづいてさらに細分をしています。砂、シルトの互層については「B層群」という別のグルー

プ名を与えて区分しています。

　このほかに壇上からとくにないようでしたら、会場のから質問ありますでしょうか。では、上本さん、お願いします。

　上本進二：神奈川県の上本です。野水遺跡の土層断面について質問です。立川ロームⅩ層まで確認できたということでした。立川1面は、立川ロームの全層準が堆積していると理解してよいかと思うのですが、下原・富士見町遺跡の場合は、テフラがⅧ層くらいまでということで立川2面ではないかといまのところは結論づけています。ちょうど野水遺跡の辺りが境界で、立川1面と立川2面群に分かれると考えてよろしいのでしょうか。

　司会：それでは小池さんお願いします。

　小池：なんと答えていいのか…

　司会：野水遺跡の層序図でⅨ層とあるところ、第2黒色帯は通常のローム層の堆積で、武蔵野面側と対比できるということでよろしいのでしょうか？

　小池：Ⅹ層までは水に浸かっている、Ⅸ層も「Ⅸ層相当」という見解だったと思います。Ⅸ層で間違いないですが、（武蔵野面における）立川ロームⅨ層とまったく同じかといえば、違うという見解だったと思います。

　司会：調布市野川遺跡では第2黒色帯の下までしっかりとローム層として堆積していたということでした。一方、今日の報告では、下原・富士見町遺跡、野水遺跡、さらに府中市朝日町遺跡も含めて、立川ロームⅦ層付近までが通常のロームとして確実に堆積していて、それより下位では何らかの水の影響が考えられる状態ということでよろしいのでしょうか。

　小池：いいとおもいます。

　上本：ご存知の方がいたら教えていただきたいのですが、通常神奈川県でも立川ロームの下部、Ⅷ層とかⅨ層相当の層準は水がついてべちゃべちゃ

になるとこが多いのです。武蔵野台地でも、そういう現象があったということらしいのですが、資料集70ページの野水遺跡の、真ん中やや上にあるんですけど、野水遺跡の右上あたりに等高線が何本か入っている。要するに地形の変換点があって低くなっている、この緩やかな崖が立川1面と2面の崖なのかなと私自身は考えているのですが、もし会場でご存知の方がいらっしゃれば、いまの見解に対してご意見をいただきたいです。

　司会：地形については久保さんの発表とも関連していると思いますので、また後ほど取り上げたいと思います。よろしいでしょうか。

　それではほかにありますでしょうか。では、細野さん。

　細野　衛：細野です。はじめに野水遺跡についてお聞きしたいのですが、立川ロームⅨ層で大規模な環状ブロック群が検出されたということでした。その環状ブロック群を有する遺跡は、周辺での分布はどうなのかということ。また、石斧も同時に出土しています。私の知識ですと、石斧は大型動物（の解体処理など）に使用されたと理解していますが、環状ブロック群を有する遺跡も大型動物の狩猟に関連した遺跡なのかということです。もう一点は、関連して、下原・富士見町遺跡では、A3層は陸化したローム層だと思いますが、石斧が出土していますね。環状ブロック群はまだ発見されていませんか？これから、検出される可能性があるのかどうか、ということを聞きたいです。

　司会：今の質問に対して、まず小池さんから。

　小池：野水遺跡の環状ブロック群と関連して、武蔵野台地では、杉並区高井戸東遺跡、東久留米市下里本邑遺跡、同・多聞寺前遺跡などが環状ブロック群を有する遺跡ではないかと考えられているようです。ただ、規模が小さい。関東地方全体では、千葉県や群馬県で多く見つかっているようです。また石斧の問題は非常に難しいのですが、大規模な構成をもつ環状集落との関連で、集落の構成の目的とも関わっていたのではないか、大型動物（の解体処理）を含めた交流、経済的な関係などがあったかもしれない、という考え方もあるようです。

　司会：続いて藤田さん。下原・富士見町遺跡について見通しをよろしく

お願いいたします。

　藤田：A3層から石斧が出たというのは試掘での成果です。地点は本調査区の東端にあたります。本調査区で現在（2006年7月）ローム層を掘り下げているのは西側です。8月以降、東側の調査を開始しますので、請うご期待ということで＊。

　＊編者注：2007年1月末の本調査終了時点で、最終的に環状ブロック群は検出されなかった。

　司会：ありがとうございました。「請うご期待」ということでしたが、調査担当としてはこれから（野水遺跡のような）4,000点の環状ブロック群が検出されるかもしれないと思うと夜も眠れないくらいですけれども、一方で、発見されてほしいという気持ちもありますが…。

2. 野川・多摩川中流域の地形・古環境

　司会：次のテーマに移りたいと思います。多摩川中流域の古地形と古環境ということで、関東平野南部全域に及ぶ非常に大きな話（上杉報告）から、下原・富士見町遺跡の立川礫層についての細かな話（中井報告）まで、3本の報告をいただきました。それぞれ大きく異なる内容だったのですが、相互に関連する事項、あるいは、他のパネラーの方々の報告に関連する事項についてもう一度整理していただければと思います。

　まず、上杉先生には、非常に長いタイムスケール、広い空間についてのお話、大規模な地形変動の報告をいただきました。ここではとくに、武蔵野／立川移行期から立川期にかけて、武蔵野台地南部の野川・多摩川流域と武蔵野台地北部でどのような地形変動に関する出来事が起きたと考えているのかをお願いします。また報告でも触れていただきましたが、そうした出来事が考古遺跡に影響を与えている可能性について、もう一度まとめていただけますでしょうか。

　上杉：今日の報告では、東から西に流れていた古い時代の河川を北西から南東方向に流れる新しい「新多摩川」が順番に奪っていく（河川争奪）と

いう異説を提示しました。そうすると、南の方から順番に、古多摩川水系の上流が「新多摩川」に争奪されるわけです。そうすると、古多摩川水系では水量も減少し、河川礫として供給される石材も減少します。生物資源も減少しますし、空から降ってくるテフラも流されない、ということで住みにくくなるから、荒川の方か、「新多摩川」へ移動するしかなくなり、台地の上はかなり空白になると想定できます。

　しかし、それはあくまで想定で地質学的な証拠はまったくない。台地上の水系の古流向が調査されていないですし、むしろデータが欲しいという状態です。とくに気になっているのが不老川（としとらずがわ）で、私の見解では、「新多摩川」は一番新しい段階に不老川の上流部を争奪して、奥多摩・青梅水系が「新多摩川」側へ流れた。狭山丘陵より北の不老川の方向に流れていたものが丘陵の南側へ流れ出します。国分寺崖線の西側は直線状です。これは奥多摩・青梅水系が流れ出した時に、古いデコボコした国分寺崖線を切ったのではないか。だから多摩蘭坂のあたりでは直線になっています。それより下流（現在の国分寺・小金井市域）は、少しくぼんだ形です。そこに遺跡が集中しているのは、風もよけられるし日当たりも良いからというだけでなく、（遺跡がない）北西側はもっと新しい多摩川で崖線が切られたのではないかと想定しています。調査を行なえば破綻するかもしれない仮説ですが。残念ながら不老川沿いには遺跡がほとんどないということで、遺跡分布の変遷からは言えませんでした。

　司会：ありがとうございました。こちらでもう一度整理させていただきます。武蔵野台地上の河川はおおむね西から東、または北東に向かって流れています。その上流部が、北西から南東に向かって流れる新多摩川に切られるというお話ですね。その場合、私たちは、多摩川というのは奥多摩・青梅から流れ下ってくるのが当たり前のように

考えていますが、かつては北東側に流れていた。台地内の河川もそれに従うかたちで北東に流れていた。それでは、現在の野川・多摩川の流路は、かつてはどのようになっていたと考えればよろしいのでしょうか。

　上杉：狭山丘陵と草花丘陵がいつまでつながっていたのか知りたいのですが、それは私たちジオロジストの仕事です。南側にはまず秋川があります。秋川が西から東側へ土砂を運搬すると国分寺崖線のところを削ります。浅川も同じです。そして奥多摩・青梅からの水系が本格的に（南側に）流れてきた時に、浅川や秋川からの水系も加わって、狭山丘陵から多摩蘭坂遺跡のあたりまで新・国分寺崖線が成立した。そこにそれほど遺跡はない。そのかわり、国分寺市多摩蘭坂遺跡・府中市武蔵台遺跡付近を頂点に大きく向きの変わる、国分寺市辺りの野川上流部は旧国分寺崖線なので、（古い段階からの）遺跡が多く分布するのは当り前なのではないか、という考えです。

　司会：時代・年代についてですが、立川ローム層の堆積期には奥多摩・青梅からの水系と新多摩川はつながっているということですか。あるいはATの降下期なのか、それとも立川ロームより古い時期なのでしょうか。

　上杉：新国分寺崖線の辺りの立川面の年代がわからない。それがわかれば面白いのですが。多摩蘭坂遺跡などでは、斜面に遺跡が垂れ下がっているわけではないですね。遺跡を、崖が切っているのだと思います。

　司会：武蔵台遺跡の調査をされていた伊藤さん、コメントをいただければと思います。

　伊藤　健：東京都埋蔵文化財センターの伊藤と申します。多摩蘭坂遺跡、武蔵台遺跡の状況から述べさせていただきます。上杉先生のおっしゃることを要約すれば、ロームが崖線で切られている最上位の層が「新多摩川」によって削られた時期を示しているということになります。遺跡の状況をみると、崖線の端部は、現代か近世かいつか

はわかりませんが後世に若干幅削平されており、従って国分寺崖線が切られていたかどうかは判断できません。多摩蘭坂遺跡から上流の崖線は高低差が小さくなり、宅地化による改変が進んでいますので、恐らくどこを発掘してもこのことは証明できないのではと思います。

　考古学側の観点から申しますと、多摩蘭坂・武蔵台遺跡の遺物群は、崖線が移っていない他の遺跡の一般的傾向と同様に崖線の縁部から出土しますので、当時もそこに崖線縁部があったものと考えられます。この傾向は、Ⅴ・Ⅳ層だけではなく、Ⅹ層の遺物群にも当てはまります。特に、この遺跡が東京で最も多くのⅩ層の遺物を出土する遺跡であることを考えあわせると、状況証拠ではありますがⅩ層段階には崖線はもっと南に位置したということは難しいのではないかという感じがします。

　司会：ありがとうございました。まだ、検討しなければならない事項が多いということで、これから検討すべき仮説ということでだしていたということですので、むしろこれをきっかけにいろいろと情報が集まって議論が進めばと思います。

　それでは、続いて久保先生ですね。こちらもやや広い話でしたが、とくに今回話題の中心になっている調布・三鷹・府中あたりのところですね、野川と多摩川の間の部分について地形形成の過程、とくに考古層位との関係において年代など整理していただけるとありがたいのですが。

　久保純子：むしろ、私から聞きたいこととも関連しますが、年代観を入れていきますと、明治大学校地の方でもⅣ層から爆発的に石器が増えるということですが、Ⅳ層の時代はどのような時代かということを編年的に見ると、海面が最も下がった時代になるわけですよねえ。でなんとなく、地理の方のもっとも下がった時代である最終氷期の最盛期というのは乾燥化していたのではないかと思っていたのですね、台風

や梅雨前線も大幅に南の方へずれていたであろうし、そうだとすると湧き水も地下水位が下がっていたのではないかという気がするのですが、その時代にこのあたりで石器がたくさん出るということをうまく説明できないものかという疑問を今日皆さんのお話を聞く中で感じたというのが一点あります。

司会：上杉先生、意見があるようですのでどうぞ。

上杉：「新多摩川」に切られて住みにくくなったのと同時に、台地の上はカンカラカンに乾いたので、仕方がないから野川のところへ移動するとか荒川の方へ移動するとか、そういうふうになるのではないかと思いますね。

司会：いまご発言があった部分について、2004年に明治大学を会場にしてシンポジウムを開催したときにも、今日も会場にいらっしゃっている羽鳥先生の方から多摩川全体が礫層の中へ伏流化して消えてしまうのではないかというような仮説も出されました。おそらく、海面が低下したときに一番水流が伏流化する条件が高まると思うのです。そうすると本流がもうほとんどなくなるという環境も地理の側では考えられるということですね。そうすると崖線沿いの湧水はあるレベルでは湧き続けるのでそういったところに人が集まりやすくなる環境があったかもしれないということでしょうか。

それでは次の話題に進みます。中井先生には、下原・富士見町遺跡の立川礫層ということでお話いただきました。同時に、下原・富士見町遺跡の石器についても見ていただき、対比可能なものがあるということをご指摘いただいております。また、今日関連するところで、小池さんが、野水遺跡は石材産地で石器製作址であるというご発言がありました。その場合、石材産地とはつまり足元の立川礫層ということでよいのかと思います。この件について中井先生から、コメントなどございましたらよろしくお願いいたします。

中井　均：石器石材のことですけれども、従来考古学で言われていたように在地系の石材というのは、多摩川の水系の礫を主体とするものと考えて問題はないと思っています。ただ、その多摩川の水系からのものと考えたときに、川原の礫を利用するか、川原の礫というのはもともと山側からもたらされたものですが、そのきれいなもの、山の方の産地から石器石材を取ってきたのかという問題は残ります。ただ、先ほどの野水遺跡の接合資料の写真

を見せていただいた中には、もともとの礫の形態を非常によく復元できる、やはりこれは多摩川の川原の礫を利用していると考えるべきであろうと考えております。

司会：それについて単に石の種類、岩石学あるいは地質学的な種類の対比だけではなくて、今日のご発表にありましたけれども、礫面の状態ですね、円摩度とか破砕痕跡あるいは（礫面の淘汰による表面形状の）復元過程というようなところが示標になってくる可能性は非常に強いといって良いのでしょうか。

中井：ええ、私はそのように思います。実際に石器として完全に加工されてしまった場合は、原産地として川原の礫をとってきたのか、山からそのまま取ってきたのかを見分けることは不可能だと思います。

司会：ありがとうございます。会場には国武さんはいませんね。最近多摩川の河川礫の利用について川原で拾えるものはあまり使えないのではないかということで資料報告が出されたりもしていますが、今見ている限りだと、使える範囲の問題もありますけれども、かなり対応するものもあるのではないでしょうか。このあたりは下原・富士見町遺跡だけでなく、野水遺跡、あるいは下原さんの発表にありましたが三鷹市羽根沢台遺跡など良好な礫面を残す接合資料をもっているような遺跡資料との対比が重要になってくるかと思います。このあたりも今後の課題ということになってくるかと思います。

いまひととおりお話しをいただきましたが、地形あるいは石材のことについて今度は考古学側の発表をしていただいた皆さんからお三方に何か質問はございますでしょうか。

小池さん、野水遺跡の石材の件で、今の中井先生のコメントに質問なりコメントはございますか。

小池：ご指摘いただいたところ、実はよく考えていたことであります。接合資料の中でこういうものは礫面が良く残っているというのですね。（スラ

イドをみながら）これは右の資料も表面はすべて礫面というものです。接合しませんけど礫の大きさを考えますと一つの礫を分割していると思います。

中井：右側の上の接合資料について円摩度でいうとだいたい 0.8 位ですね。非常によく円摩された礫であるということになります。これは上流部、原産地ではまず存在しない。流されてこないとこのような礫にはなりません。

司会：ありがとうございます。中井先生の作業を近くで見ていますと一つ一つのデータを取るのに非常に時間がかかるので、考古資料を全部見てくださいということをなかなかお願いできないのですが、今のお話をうかがうと、これはぜひ時間をつくっていただき少しずつ見ていきたいなと思います。

他に地形や環境の変遷等についての質問あるいはコメントありますか？

中井：追加でちょっと。皆さんの手元の資料（予稿集）66 ページの下に多摩川の上流の岩石分布があります（本書 p. 90 第 4 図参照）。

先ほど充分話せなかったことですが、『上福岡市史』（埼玉県上福岡市刊）の中で、上福岡市（現ふじみ野市）周辺の段丘礫のチャート礫を分析し、白亜紀の微化石が見つかったということで、四万十系の礫だということが紹介されています。それをもとにして秋川水系からの礫が、上福岡のほうへ流れてきているという議論が書いてあるのですが、多摩川の水系全体を考えますと、多摩川の本流でも上流部では、四万十系（四万十帯）の岩石の分布はあります。ですから、白亜紀の微化石を含んだチャートが出たからといって、秋川系に結びつけるのはちょっと無理があると。こういうふうに考えます。

それでは秋川系のものと多摩川本流系のものを区別するときにどのようなことに注意するかということですが、決定的に影響する要素は多摩川の最上流部に狭義の花崗岩が少しですが分布しているという点です。秋川系には狭義の花崗岩はありません。ですから、この狭い意味での花崗岩（黒雲母と石英とカリ長石を含む）、この岩石は間違いなく多摩川本流系の岩石、礫だとこういうふうに考えてよいということになります。

ただ、関連してまだ問題はあります。草花丘陵などには古い礫層があります。飯能礫層というものです。それらの中には多摩川本流系の礫だと思われるものが入っていますので、例えば、草花丘陵から再堆積で礫が流されて

きた場合は、多摩川本流系の礫が入ってくるという可能性は否定できません。その辺も考えて、慎重に検討する必要があると思っています。それらを確実に分けるということは今のところ難しいということになります。

司会：ありがとうございました。われわれは、多摩川や「在地」とすぐにひとくくりにしてしまいますけど、地質学的に観ると、多摩川と秋川とか、場合によっては浅川水系というように、岩石の産出地・採取可能地を絞っていくことにつながるということでよろしいですか。

中井：可能だけれども慎重に判断していかなくてはならないということです。

司会：分かりました。慎重に判断するための材料を今後とも積み重ねていきたいと思います。

3. 旧石器人の生活空間－遺跡分布から分かること－

司会：それでは、最後の下原さん・中山さん・加藤さんに移りたいと思いますけど、まず、いまの中井先生のお話までで何か質問コメントなどありますでしょうか。下原さんから順番にお願いします。

下原裕司：上杉先生と久保先生にお聞きしたいのですが、IV層以降に地形が安定化するというお話で、地形の安定化というのは遺跡形成の必須要件だと思うのですが、地形以外の人為的な要因を考えたい立場としては、ローム層自体は多くの場所でIV層以下の堆積も確認されているため、それが安定化しているというか、地形的には大丈夫だよということを知りたいのですが、例えば花粉分析などによって立川面の具体的な水際であるとか地形的なものと植生的なものを知るにはどのような方法がとられるのかということをお聞きしたい。

司会：お三方、どなたかお答えいただけますか。古環境や植物の方が壇上に上がっておりません。会場に植物珪酸体分析の専門家の細野さんがいらっしゃいますのでコメントをお願いします。

細野：細野です。一昨年予報の形で下原・富士見町遺跡のいくつかの層

第3部　公開シンポジウム総合討論記録

準をチェックしてみました。（予稿集）42ページの柱状図を見ていただければと思います。A2層・A3層というのはいわゆる「水つきローム」と呼んでいるようです。Ⅶ層より上はいわゆるAA（風送陸上堆積型）堆積、普通の関東ローム層となっています。植物珪酸体を分析したところA4層・A5層ではほとんど入っていませんでした。入っていても溶食を受けていました。A3ではかなりの植物珪酸体が検出されました。その植物珪酸体はいわゆるササ属起源でして、これはチマキやお饅頭でご存知だと思いますが、少し葉が大きい。そして少し寒冷な気候を好むササ類です。A3層はそのようことから乾陸した環境下のロームである。後から水がついたのではないかと思っています。A2層では少なくなり、また溶食を受けていました。もしかしたらコンタミかもしれません。完全に陸化した上の方のⅤ層・Ⅳ層では典型的にきれいなササ属起源の珪酸体が出てきました。以前、成増でやったものと同じものでした。

　また調査現場で、坂上寛一先生が、フッ化ナトリウムの試薬反応にもとづき水中堆積したものなのか、陸域で堆積したロームなのかチェックしましたが、その結果によれば、A2層・A4層・A5層はあまり反応せずに、A3層はきれいに赤く反応して、AA堆積のロームの証拠が出ました。フッ化ナトリウムの反応と植物珪酸体との対応はきれいに出たと思います。ですから、A3層では陸化して、その後再び水の影響があった、その後Ⅶ層以降にふたたび陸化して、そのまま台地化を継続したということだと思います。

　司会：ありがとうございます。植物珪酸体はローム層でもかなり検出できるということでよろしいのでしょうか。

　細野：午前中からちょっと奇異には思っていたのですが、ローム層は一次堆積のテフラというご理解があると思うのですが、もちろん一次テフラも入っていると思います。しかし、テフラが堆積し、またさまざまな要素も含

みながら、同時に植生の被覆もあったはずです。おもにササ類だと思うのですが。そういうことで表土履歴のある層ということで、ロームは純粋なテフラ層ではなく土壌だと考えています。

司会：そうしますと、環境復元の手段は何かありますかという下原さんの質問について、プラントオパールなどは有効であるということでよろしいですか。ありがとうございます。

土壌の話ということでは、会場に明治大学の竹迫先生がいらっしゃっています。ほかに下原さんからの問いかけの答えになるような分析方法などがございましたら教えていただけますか。

竹迫　紘：土壌のほうからですと、その母材、材料がどういう材料からできているかということと、その材料が堆積してどのような環境の影響を受けて変化したかという２つの方向から解析できます。細野さんからの指摘のとおり、だいたい様々な分析から同じような結果が得られています。Ⅶ層、第２暗色帯の上部までは風性火山灰が堆積し土壌化したもの。A2層から下はかなり水の影響を受けている。それにも強弱がありまして、A2層では比較的粘土含量が高くて、かつ火山灰でない母材の混入量が極めて多い。A3層では比較的火山灰の母材の特徴を強く持っている。ただし、それらも下層に向かって河床堆積物の混入量がどんどん増えていく。こうした現象をどのような自然現象としてみればよいのかといえば、なかなか複雑でよくわかりませんが、火山灰と河床堆積物が下層になるにしたがって増えていきながら堆積している状況ですね。火山灰が堆積してはオーバーフローがあったりということを繰り返しながら、その影響がだんだんと上層に向かって少なくなって、A2層のところでまた大きな何らかの水の影響があったのだろう。ただし、ここは粘土含量が非常に高くて下層と比較してどうしてそうした細粒質のものだけがA2層に多いのかということは、ちょっと早く追求しなければとおもっています。

司会：ありがとうござました。これまで当時の環境については花粉とか植物遺体からの見方が強かったと思いますが、土壌学関係からも堆積環境をもとにしていろいろ議論ができるということで、今後の発掘調査に反映でき

るのではないかというお話だったと思います。

それでは次に中山さんから、壇上あるいは会場の方へご質問やコメントがありましたらよろしくお願いいたします。

中山真治：私の話では、立川面の環状の凹地になったところに遺跡が分布するということで、そういうところに湧水が湧いていて、それに対応するように遺跡が形成された、人々が訪れてそこで生活をしたということをいえるのではないかと思うのですが、自然科学の先生にお聞きしたいのは、湧水点の移動や変化がよくわかる状況があるのかということ、どのように変化するのか、枯れたりとか新たに湧き出したり、そうした変遷がわかるのかということで、現在どこまでわかっているのか教えていただきたいのですが。

司会：今のご質問は中山さんだけではなくて加藤さんの発表にも関わっていると思います。久保先生、何かご存知でしたらお願いします。

久保：今回の立川面の上での湧水点の変化を詳細に復元できるのかということは私自身にはまだわからないのですが、隣の仙川とか先ほど出てきた砂川では谷地形が途中で不明瞭になっているところがあります。そういうのはある時期に最初にできていた谷というか元の扇状地の流路のあとを表流水が流れた名残が起源だと思うのですが、それが何らかの理由で名残川の水流が弱くなってしまった。そこで、ローム層が積もって埋めてしまったという事例がいくつかあるようです。仙川の上流部では、いったん三鷹のあたりで消えてまた上流側で谷地形がはっきりします。もしかしたら神田川のほうに地下水が行っていたのかもしれないと考えています。そういう間接的な証拠で湧水の時系列での変化を考えられる事例はあります。

司会：ありがとうございます。羽鳥先生、会場から一言お願いいたします。

羽鳥謙三：いまの湧水点の移動と変化ということで、私の気がついている武蔵野での状況についての事例を申し上げます。井の頭池というのは湧水

池として有名ですが、今はすっかり枯れて高井戸からの人工用水で池が維持されているという現状なのですが、数十年前までは多量の水を湧出していました。池というのは神田川の谷頭に相当しますが、谷頭地形を見ますと二股に分かれています。ところが、何十年前の湧水が豊富であった時期もそこからはどうやら湧いていた気配がなかったようで、当時湧いていたのは池の底のあちこちから、池の底には武蔵野礫層が露出しているわけですが、そこから湧き上がっていた、だから昔は、たぶん江戸時代までででしょうが、井の頭池のことを「七つ井の池」と呼んだそうです。複数の湧水点があって、現在でも大雨が降ると池の出口の付近のところ神田川の川底から湧くことがあるそうです。滅多にないことですけど。このように湧水点というのはいくつもある。だから人が住まうとしたらどういうところに住まうのか、このような湧水点の周囲というほかない。そういう状態なわけです。

　また私は小平に住んでいます。小平市鈴木遺跡の調査のときにもちょっと覗いたことがありますが、あそこも石神井川の谷頭が二股に分かれているところです。ところが、水が湧いた形跡が現在はない。鈴木遺跡は、旧石器時代の遺跡としては非常に大規模ですが、縄文時代に入るとぱったりと消えてしまう。たぶん谷頭の湧水は、旧石器時代にはあったものが後に消滅したのだろうと言われているわけです。ところが、二股に分かれている谷頭の地形について、最近、パリノサーヴェイがその一箇所の試料を調べたら、湧水の痕跡がないということでした。珪藻あるいは花粉の分析です。そんなはずはないと私は考えています。二股に分かれている一方の側だけ調べて湧水の痕跡がないといっているのではなかろうかと、全体的に調べたら、必ず湧水があったであろうと。そして鈴木遺跡の旧石器時代人はその湧水を利用したに相違ない、そう考えています。

　このように谷頭部からの湧水というのは時代に応じて転々と移動

して、現在石神井川で湧水がかろうじてあるのは、地形上の谷頭からは1.5ｋｍ下流のいま嘉悦大学の敷地となっている崖下から季節的に少しずつ沁み出している程度です。そして縄文遺跡があるのはなんと5km も下流の田無の駅に近いところというほどの湧水の変遷ぶりということを比較的身近なところで経験した次第です。

司会：ありがとうございます。今の羽鳥先生のコメントに関連して加藤さんに作成していただいたスライドを映しています。この"野水遺跡"として今日報告していただいたいくつかの新しい遺跡ということですが、これらは基本的に旧石器時代のみの遺跡ということでよろしいですか。

加藤秀之：今のところ三芳町の調査事例とか森野さんの採取したときのお話をいろいろうかがっていますと、所沢市駿河台遺跡を含め縄文時代の遺物はほとんど採集されないということで、意図的に石器だけ拾っているわけではないとうかがっています。もう少し、下流になりますと、現在のふじみ野市（旧大井町）の亀久保遺跡とか東久保遺跡などいくつかありますが、かなり早めに埋積してしまったであろう谷のあたりですと、縄文時代早期ぐらいのファイヤーピットが少し検出される程度で、あとはほとんど何も見つからないところもあるので、埋積谷沿いには縄文時代遺跡は少ないということが言えそうです。

司会：ありがとうございます。

この図で、示している網をかけている部分はまさに羽鳥先生が凹地、凹地状地形と提示された部分とほぼ重なってくると思います。こういうところに旧石器時代には水が出ていて遺跡が形成されるけれども、その後、湧水が標高50m付近から30m付近まで移動していくとか、そういったかたちで遺跡分布に変化が起こっているということを示していると思いました。そうすると、先ほどの羽鳥先生の石神井川の議

野川流域の旧石器時代－地形・環境の変遷と人びとの生活－

論とも一致してくると思います。
　この点について、中山さんや下原さんに戻りますが、"野水遺跡"やその付近で確認される埋没谷、あるいはその付近の地表面で確認される凹地状地形との関連で、こういった旧石器時代のみあるいは旧石器と縄文で分布がずれるというような現象は現在発掘されていますか。
　中山：今、加藤さんの話だと、旧石器時代が中心であるというパターンがあると、私のほうで調査した府中市天神町遺跡の周辺では縄文時代の遺構・遺物もかなりあって、集石土坑や最近では縄文時代中期の住居址も出てきています。谷状凹地周辺では縄文時代まで、湧水が残っているというか再度自然に湧出しているような、一時的に雨が降ったときに出るような湧水を利用しているのかと思います。断続的に何度か同じ場所が利用されているということはありえると思います、だから単純に、旧石器時代以降に遺跡の位置や立地が変更しているという図式では言えないと思います。
　司会：下原さんの方で何かご存知でしょうか。
　下原：三鷹市域で明瞭にそのような遺跡はありませんが、先ほども少しお話しした入間川（中仙川）の源流部は旧石器時代から縄文、弥生、古墳時代にかけての遺跡です。また入間川は支流がもう一つ分かれていて、南側に細い谷が入っています。そこはすべて調布市ですが、地形的には非常にメリハリのきいた箇所がある。この辺は調布の方にお聞きしたいと思うのですが。
　司会：調布市の生田さんいらっしゃると思います。何かご存知ですか。
　生田周治：調布市の生田です。調布市では立川面での湧水からの立地条件というのは、わりとまんべんなくというのがあります。下原・富士見町遺跡の場合、旧石器時代の遺物分布は全体にひろがっています。また上層でも、微妙に位置を変えながら縄文時代中期の遺構・遺物も分布していますので、一概に旧石器時代のみという遺跡は、

167

調布市にはないのでは、と考えております。このあたりは府中市と共通しているかなと感じております。

　司会：ありがとうございました。

　全般的に野川から多摩川の間の武蔵野台地南部というのは「野水」という地名があったり、埋没谷があったりという点で台地北部と類似しているようにも思われます。しかし、旧石器時代以降に遺跡立地・分布が著しく変わってしまうという状況にまではならないということなのかなと思います。ただその中でも中山さんの発表にあったように、遺跡の継続期間が完全に連続するのではなく、間欠的あるいは断続的に、遺跡が形成される時期とされない時期があるということで整理できるかと思います。

　一方で、加藤さんの発表にありましたように、武蔵野台地北部では、旧石器時代以降、あるいは縄文時代早期以降に遺跡そのものがパタッとなくなってしまう状況があるようです。同じ「野水」という地名があっても少し状況は異なるようです。

　さて、そろそろ時間が来ましたので司会のほうでまとめに入らせていただきます。今日は、上杉先生から非常に大きな地形変動のお話しがありました。久保先生からは野川〜多摩川間の地形形成のお話し、これは時間幅として後期旧石器時代にほぼ重なります。立川面の形成と、さらに細分地形面の形成過程の中で、河川をめぐる環境、あるいは台地と湧水をめぐる環境が移り変わる。そして遺跡立地や分布は、かなりその影響を受けているという状況が見えてきたかと思います。それは一つには遺跡分布の有無というレベルでの変化、もう一つは遺跡の内容、大規模化するとか累積的になるというようなこと。やはり昔から言われているように、野川流域のⅣ層というのは画期になりそうです。ただ、その一方で野水遺跡の調査で見えてきたように、石材の採取とか石器の集中製作などに関連して、より古い時期から拠点的遺跡が立地することもある。自然環境あるいは地形条件だけに影響されたり制約されているというだけでなく、その中での人間活動の展開のしかたというところを考えていかなければいけないということだと思います。

　こうした点については、おもに下原さんに整理していただきました。武

蔵野面という高台と、立川面というやや低い面、そして多摩川の流路の変遷の中で現われては消えていくような網状の小河川流、それらとの関係をさらに細かく見ていく必要がありそうです。そこでは自然科学分野と人文科学分野とをあわせ、地域史・誌研究を総合する形で今後展開していくことへの見通しが得られたと思います。

　また、今日の発表で触れられた内容の多くは遺跡の発掘をして得られたものです。発掘調査で地面を掘り下げて得られる土層断面は、地学の観察対象であり、分析対象になる。そこで、遺跡発掘現場での考古学と地学との協働、共同で観察をする、あるいは試料を採取する機会を持ち、状況の把握を共有し議論することがますます重要になってくるかと思います。礫層を構成する礫の問題も同じで、相互に情報を交換することで次の研究の展開へとつながっていくのだと思います。その一端を今日のシンポジウムで皆さんにもお伝えできたとしたら、今後の展開の基礎になるという意味での成果ではないかと思います。

　まだ議論も尽くしきれていませんし、会場の方に質問やコメントをしたい方もいらっしゃると思いますが、会場の時間の関係でそろそろ討論を終了させていただきたいと思います。この続きは懇親会のほうで、無制限で議論したいと思います。

　今日、壇上に上がっていいただいている発表者の皆様、事前の準備および今日の発表も含めていろいろありがとうございました。

司会：今回のシンポジウムは調布市・三鷹市・明治大学3者の主催ということになりますが、最後に明治大学より矢島國雄文学部教授が挨拶させていただきます。

　矢島國雄：明治大学の矢島でございます。昨日の遺跡見学会から始まり、

第3部　公開シンポジウム総合討論記録

講演会そして今日のシンポジウムと実にたくさんの方がたにご参加いただきまして、主催者の一員としてまず御礼申し上げます。私自身は、今は博物館学が仕事の中心ですが、かつて相模野台地をフィールドとし、月見野遺跡群以来ずっと調査に従事してきました。

　今日のお話しの中では、海水準変動の影響がストレートに現われる相模川の段丘群と、そうではない多摩川の段丘群というのは相当違うということを改めて感じました。そういうことを含めて先生方のご協力をいただいてより良い調査とその成果をまとめることができればと願っております。2日間にわたり皆さんのご協力もいただきまして、講演会・シンポジウムともに成功裡に終わることができましたことを喜びたいと思います。どうもありがとうございました。

　司会：以上をもちまして全日程を終了させていただきます。長い間ありがとうございました。

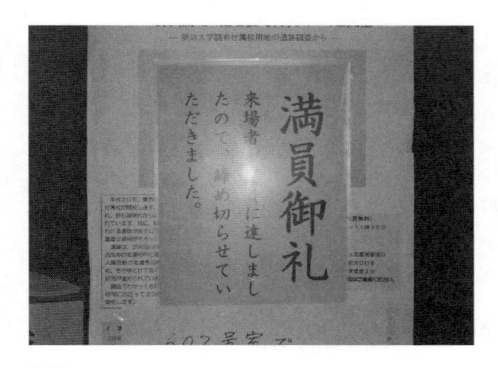

おわりに

野口　淳

　本書に収録されているシンポジウムのテーマは、武蔵野台地南部、国分寺崖線と府中崖線にはさまれた立川面における後期旧石器時代の地形・環境の変遷と遺跡との関連を検討することであった。その対象範囲はきわめて限られている。しかし、その限られた範囲の中に、重要な課題が濃縮されている。

　久保報告が指摘するように、立川面の形成過程は、まさしく後期旧石器時代の展開と軌を一にする。そして、平坦なように見える地形面の下には、最終氷期の最寒冷期を含む酸素同位体ステージ３〜２へという変動の時期の痕跡が刻まれている。考古遺跡の発掘調査によって、そうした地形・環境の変遷と、後期旧石器時代の前半〜後半へという人類文化の時代的な変化との関連を解き明かすことも不可能ではない。

　中山報告でまとめられた府中市域の発掘調査を先駆とし、調布市野水遺跡（小池報告）、調布市・三鷹市にまたがる下原・富士見町遺跡（藤田報告）のではさらに深く、詳細にメスが入れられた。下原報告でまとめられているように、最近の立川面における一連の成果をもとにあらためてこれまでの調査成果、とくに武蔵野面における遺跡の発掘調査の成果を検討すると、旧石器時代人の生活領域や行動パターンを解明するための基礎データを得ることが可能である。また、武蔵野南部における立川面の調査と並行して、最近、とみに調査・研究が進展している武蔵野北部の様相（加藤報告）を対照事例とすると、後期旧石器時代を通じた一般的な変化を見出すことができると同時に、台地南部・野川流域の地域性を明らかにすることが可能になる。

　つまり対象範囲を限ることで、逆に一地域の歴史を詳しく描き出すことが可能になり、そこからより広い視野での研究を展開していくことが可能になることを示し得たのではないかと思う。何といっても、考古学研究の原点は遺跡の発掘調査にある。そしてそれは、発掘調査区内に限られるものでは

なく、遺跡が所在する地域との関連の中で、初めて意味を持つのである。このような地域研究の積み重ねが、武蔵野台地、関東平野、そして日本列島へと、対象範囲を広げていくための原動力であることを、もう一度強調したい。

　また遺跡の発掘調査とその成果は、考古学というひとつの学問領域の中にとどまり得るものではない。中井報告は、下原・富士見町遺跡の礫層の調査結果をまとめ、武蔵野台地の形成過程という地学的な課題に迫った。同時に、討論の中で示されたように、旧石器時代当時の河川礫の採取という旧石器時代人の活動と結びつき、考古学的な課題にも迫るものであった。上杉報告は、よりマクロな視点から武蔵野台地の形成過程と多摩川の流路変遷に迫ったものであるが、それはまさしく、武蔵野台地にはじめて到来した旧石器時代人が直面したかもしれない景観とその変遷を明らかにするものである。

　後期旧石器時代は、現在とは1万年以上の時間で隔てられている。言うまでもなく、遺跡と、そこで生活した人びとをとりまく地形・環境は現在と同じではなかった。さらに2万年にわたって続いた後期旧石器時代の全期間を通じて一定していたわけではない。後期旧石器時代初頭に国分寺崖線上に立った旧石器時代人の眼下に広がっていた景観は、それから1万年以上が過ぎた後期旧石器時代後半には、かつての面影を残さないほどに変化していたはずである。遺跡分布、立地の検討を進めるにあたって、まず、こうした課題に注意を払い、地学との連携による共同研究を模索する必要がある。

　今回のシンポジウムの討論を通じて、このような課題に対して、地学サイドの研究者の方がより積極的であるという印象を受けた。考古学サイドからの積極的な応答を引き出せなかったのは、ひとえに司会の不手際によるものかもしれない。しかし、制度的に遺跡の発掘調査に携わることができる考古学研究者は、さらに積極的に、関連分野の研究者に対して情報と成果を開示していく必要があるのではないかとつねに感じ続けている。

　2006年のシンポジウムは幕を閉じたが、しかしそれは次なる展開への序章に過ぎない。そのように位置づけることで、考古学、地学の相互交流を深め、共同研究を進展させるためにますます努めたい。

（2007年葉月）

考古学リーダー 11
野川流域の旧石器時代

2007年10月10日　初版発行

監　　　修	「野川流域の旧石器時代」フォーラム記録集刊行委員会 （調布市教育委員会・三鷹市教育委員会・明治大学校地内遺跡調査団）
編　　　者	明治大学校地内遺跡調査団
発 行 者	八木環一
発 行 所	有限会社　六一書房　http://www.book61.co.jp 〒101-0051　東京都千代田区神田神保町2−2−22 電話 03-5213-6161　FAX 03-5213-6160　振替 00160-7-35346
印刷・製本	有限会社　平電子印刷所

ISBN978-4-947743-51-0 C3321　　　　　　　　　Printed in Japan

『考古学リーダー』発刊にあたって

　六一書房を始めて18年が経った。安斎正人先生にお願いして『無文字社会の考古学』の新装版を出させていただいてから7年になった。これが最初の出版であった。

　思えば六一書房の仕事は文字通り、「隙間産業」であったかも知れない。最初から商業ベースに乗らない本や資料集ばかりを集め、それを売ることに固執した。今、研究者が何を求め、我々に何を要求しているのかを常に考えた。「本を売るのではない、情報を売るのだ。そうすれば本は売れる。」と口ぐせのように言ってきた。

　六一書房に頼めばこの本を探してくれるかも知れないと、問い合わせが入るようになった。必死で探した。それが情報源となり、時にはそのなかからベストセラーも生まれた。研究会や学会の方からも声がかかるようになった。循環路ができ、毛細血管のような情報回路が出来てきた。

　本を売ることに少しだけ余裕が出来てきたら、本を作りたくなった。そしてふだん自分達が売っている本を自分で作ってもいいじゃないかと考えてみた。時には著者に迷惑をかけながらも、本を出してみた。数えたら、もう10冊を越えていた。

　今回、本書の出版準備を進めていくなかで、シンポジウムを本にまとめあげていただいた西相模考古学研究会の伊丹さんと立花さんの情熱に感心しているうちに『叢書』を作りたいという以前からの思いが頭に浮かんできた。最前線で活動している研究者の情熱を伝えてこそ、生きた情報であり、今までそうした本を一生懸命売ってきたのだから、今度はそういう『叢書』を作ろうと思った。伊丹さんに相談したら、思いを理解していただき、『考古学リーダー』という命名までしていただいた。

　世に良書を問うというのは出版する者の責務であるが、独自な視点を堅持してゆきたいと思う。多くの方々の助言、苦言を受けながら頑張ってゆきたい。皆さんにおもしろい、元気のでる企画をお持ちいただけたら幸せである。

2002年11月

　　　　　　　　　　　　　　　　　　　　　　　　六一書房　　八木　環一

考古学リーダー1

弥生時代のヒトの移動
～相模湾から考える～

西相模考古学研究会編

2002年12月25日発行／A5判／209頁／本体2800円＋税

※シンポジウム『弥生後期のヒトの移動－相模湾から広がる世界－』開催記録
小田原市教育委員会・西相模考古学研究会共催　2001年11月17・18日

―― 目　　次 ――

シンポジウム当日編

地域の様相1	相模川東岸	池田　治
地域の様相2	相模川西岸	立花　実
用語説明		大島　慎一
地域の様相1	相模湾沿岸3	河合　英夫
地域の様相1	東京湾北西岸	及川　良彦
地域の様相2	駿河	篠原　和大
地域の様相2	遠江	鈴木　敏則
地域の様相2	甲斐	中山　誠二
地域を越えた様相	関東	安藤　広道
地域を越えた様相	東日本	岡本　孝之
総合討議		比田井克仁・西川修一・パネラー

シンポジウム後日編

ヒトの移動へ向う前に考えること	加納　俊介
引き戻されて	伊丹　徹
シンポジウムの教訓	立花　実

―― 推薦します ――

　弥生時代後期の相模は激動の地である。人間集団の移動や移住、モノや情報の伝達はどうであったのか。またどう読み取るか。
　こうした問題について、考古誌『西相模考古』でおなじみの面々が存分に語り合うシンポジウムの記録である。この一冊で、当日の舌戦と愉快な空気をよく味わえた次第である。

明治大学教授　石川日出志

Archaeological L & Reader　Vol.1

六一書房

考古学リーダー2
戦国の終焉
～よみがえる 天正の世の いくさびと～

千田嘉博 監修
木舟城シンポジウム実行委員会 編
2004年2月16日発行／Ａ5判／197頁／本体2500円＋税

木舟城シンポジウム開催記録
木舟城シンポジウム実行委員会・福岡町教育委員会主催　2002年11月30日

―― 目　次 ――

第Ⅰ部　概説
　木舟城の時代　　　　　　　　　　　　　　　　　　　栗山　雅夫
第Ⅱ部　基調講演
　戦国の城を読む　　　　　　　　　　　　　　　　　　千田　嘉博
第Ⅲ部　事例報告「その時、木舟城は…」
　戦国の城と城下町の解明　　　　　　　　　　　　　　高岡　　徹
　木舟城のすがた　　　　　　　　　　　　　　　　　　栗山　雅夫
　木舟城の城下町　　　　　　　　　　　　　　　　　　酒井　重洋
　天正大地震と長浜城下町　　　　　　　　　　　　　　西原　雄大
　木舟城の地震考古学　　　　　　　　　　　　　　　　寒川　　旭
　越前一乗谷　　　　　　　　　　　　　　　　　　　　岩田　　隆
第Ⅳ部　結語「シンポジウムから見える木舟城」
　戦国城下町研究の幕開け　　　　　　　　　　　　　　高岡　　徹
　地道な調査を重ね知名向上を願う　　　　　　　　　　栗山　雅夫
　木舟を知って遺跡保護　　　　　　　　　　　　　　　酒井　重洋
　協力して大きな成果をあげましょう　　　　　　　　　西原　雄大
　地震研究のシンボル・木舟城　　　　　　　　　　　　寒川　　旭
　激動の13年　　　　　　　　　　　　　　　　　　　　岩田　　隆
　これからが楽しみな木舟城　　　　　　　　　　　　　千田　嘉博
第Ⅴ部　「木舟シンポの意義」

==== 推薦します ====
　本書は、北陸・富山県のある小さな町、福岡町から全国発信する大きな企画、木舟城シンポジウムを収録したものである。考古学・城郭史・地震研究の研究者が集まった学際的研究としてももちろん評価できるが、このシンポジウムの対象を、歴史に興味を持ちはじめた中高生などの初心者から研究者さらには上級者まで観客にしたいと欲張り、それを実現した点も高く評価できる。いかに多様な読者に高度な学術研究を理解させるかということに最大限の努力の跡が見える。「21世紀の城郭シンポジウムはこれだ！」といった第一印象である。
　　　　　　　　　　　　　　　　　　　中央大学文学部教授　前川　要

Archaeological L & Reader　Vol. 2

六一書房

考古学リーダー3
近現代考古学の射程
~今なぜ近現代を語るのか~

メタ・アーケオロジー研究会 編

2005年2月25日発行／A5判／247頁／本体3000円＋税

シンポジウム「近現代考古学の射程―今なぜ近現代を語るのか―」開催記録
メタ・アーケオロジー研究会主催　2004年2月14・15日

―― 目　次 ――

第Ⅰ部　シンポジウムの概要
第Ⅱ部　近現代考古学の射程
　1．都市
　　考古学からみた江戸から東京　　　　　　　　　　小林　　克
　　都市空間としての都市の時空　　　　　　　　　　津村　宏臣
　　避暑・保養の普及と物質文化　　　　　　　　　　桜井　準也
　　都市近郊漁村における村落生活　　　　　　　　　渡辺　直哉
　　考古学からみた近現代農村とその変容　　　　　　永田　史子
　2．国家
　　日系移民にとっての「近代化」と物質文化　　　　朽木　　量
　　旧日本植民地の物質文化研究とはどのようなものか？　角南聡一郎
　3．制度
　　「兵営」の考古学　　　　　　　　　　　　　　　浅川　範之
　　物質文化にみる「お役所」意識の変容　　　　　　小川　　望
　　〈モノ―教具〉からみる「近代化」教育　　　　　大里　知子
　4．身体
　　衛生博覧会と人体模型そして生人形　　　　　　　浮ヶ谷幸代
　　胞衣の行方　　　　　　　　　　　　　　　　　　野尻かおる
　　身体の近代と考古学　　　　　　　　　　　　　　光本　　順
　5．技術
　　近現代における土器生産　　　　　　　　　　　　小林　謙一
　　「江戸―東京」における家畜利用　　　　　　　　姉崎　智子
第Ⅲ部　近現代考古学の諸相
　　近現代考古学調査の可能性　　　　　　　　　　　角南聡一郎
　　近現代考古学と現代社会　　　　　　　　　　　　桜井　準也
　　歴史考古学とアメリカ文化の記憶　　　　　　　　鈴木　　透
　　社会科学と物質文化研究　　　　　　　　　　　　朽木　　量

推薦します

「近現代考古学」は、文字通り私たちが生きている「現在」につながる考古学である。わが国の「近現代考古学」が追究するべき課題のひとつは、物質文化からみた日本の「近代化」の様相を解明することであろう。日本の「近代化」のプロセスは単なる「西洋化」ではなく、他方で、近代以前に遡る日本文化の伝統と変容に関わる複雑な様相を呈している。すなわち、日本の「近代化」の様相は、今の私たち自身の存在と深く関わっているのである。本書は、そうした「近現代考古学」の世界にはじめて果敢に切り込んだ、意欲あふれるシンポジウムの記録である。

早稲田大学教授　谷川　章雄

Archaeological L & Reader Vol. 3

六一書房

考古学リーダー4
東日本における古墳の出現

東北・関東前方後円墳研究会 編
2005年5月10日発行／Ａ5判／312頁／本体3500円＋税

第9回　東北・関東前方後円墳研究会　研究大会
《シンポジウム》東日本における古墳出現について　開催記録
東北・関東前方後円墳研究会 主催
西相模考古学研究会・川崎市市民ミュージアム共催　2004年2月28・29日

―― 目　　次 ――

Ⅰ　記念講演・基調講演
　　基調報告・資料報告

記念講演	東日本の古墳出現の研究史―回顧と展望―	小林　三郎
基調講演	オオヤマト古墳群における古墳出現期の様相	今尾　文昭
基調報告1	相模湾岸―秋葉山古墳群を中心に―	山口　正憲
基調報告2	編年的整理―時間軸の共通理解のために―	青山　博樹
基調報告3	円・方丘墓の様相―中部高地を中核に―	青木　一男
基調報告4	副葬品―剣・鏃・鏡などを中心に―	田中　　裕
基調報告5	土器・埴輪配置から見た東日本の古墳出現	古屋　紀之
資料報告1	房総半島―市原・君津地域を中心に―	酒巻　忠史
資料報告2	関東平野東北部―茨城県を中心に―	日高　　慎
資料報告3	関東平野　北部	今平　利幸
資料報告4	関東平野　北西部	深澤　敦仁
資料報告5	北　陸―富山・新潟―	八重樫由美子
資料報告6	東　北　南　部	黒田　篤史
資料報告7	関東平野　南部―川崎地域を中心に―	吉野真由美

Ⅱ　総合討議　東日本における古墳出現について

コラム

古墳出土土器は何を語るか―オオヤマトの前期古墳調査最前線―	小池香津江
前期古墳の時期区分	大賀　克彦
群馬県太田市所在・成塚向山1号墳～新発見の前期古墳の調査速報～	深澤　敦仁
新潟県の方形台状墓～寺泊町屋舗塚遺跡の調査から～	八重樫由美子
北縁の前期古墳～大塚森（夷森）古墳の調査成果概要～	大谷　　基
埼玉県の出現期古墳―そして三ノ耕地遺跡―	石坂　俊郎
廻間Ⅱ式の時代	赤塚　次郎
畿内「布留0式」土器と東国の出現期古墳	青木　勘時

── 推薦します ──

　なぜ、古墳が生まれたのか？　弥生時代・数百年間の日本列島は、方形墳が中心だった。それがあるとき円形墓に変わった。しかも、円形墓に突出部とか張出部とよんでいる"シッポ"が付いている。やがてそれが、ヤマト政権のシンボルとして全国に広まったのだという。それならば列島で最も古い突出部付き円形墓（前方後円墳ともいう）は、いつ、どこに現れたか？　よく、ヤマトだというが、本当だろうか？　東北・関東では、初期には突出部の付いた方形墓（前方後方墳ともいう）が中心で、地域によって円形墓が参入してくる。住み分け、入り乱れ、いろいろとありそうだ。本書では近畿だけでは分からない東北・関東の人々の方形墓（伝統派）と円形墓（革新派）の実態が地域ごとに整理されていてありがたい。その上、討論では最新の資料にもとづく新見解が次々と飛び出し、楽しい。討論から入り、ときどき講演と報告にもどる読み方もありそうだ。

徳島文理大学教授　奈良県香芝市二上山博物館館長　石野　博信

Archaeological L & Reader Vol. 4

六一書房

考古学リーダー5

南関東の弥生土器

シンポジウム 南関東の弥生土器 実行委員会 編

2005年7月10日発行／Ａ５判／240頁／本体3000円＋税

シンポジウム　南関東の弥生土器　開催記録
シンポジウム 南関東の弥生土器 実行委員会 主催
2004年9月25・26日

―― 目　次 ――

第Ⅰ部　型式・様式の諸相
　総　論　　　　　　　　　　　　　　　　　　　　　　伊丹　　徹
　1．南関東における古式弥生土器　　　　　　　　　　　谷口　　肇
　2．須和田式（平沢式・中里式・池上式）　　　　　　　石川日出志
　3．宮ノ台式　　　　　　　　　　　　　　　　　　　　小倉　淳一
　4．久ヶ原式　　　　　　　　　　　　　　　　　　　　松本　　完
　5．弥生町式と前野町式　　　　　　　　　　　　　　　黒沢　　浩
　6．相模地方の後期弥生土器　　　　　　　　　　　　　立花　　実
　コラム1．佐野原式・足洗式　　　　　　　　　　　　　小玉　秀成
　コラム2．北島式・御新田式　　　　　　　　　　　　　吉田　　稔
　コラム3．有東式・白岩式　　　　　　　　　　　　　　萩野谷正宏
　コラム4．朝光寺原式　　　　　　　　　　　　　　　　橋本　裕行
　コラム5．「岩鼻式」・吉ヶ谷式　　　　　　　　　　　柿沼　幹夫
　コラム6．臼井南式　　　　　　　　　　　　　　　　　高花　宏行

第Ⅱ部　シンポジウム「南関東の弥生土器」
　テーマ1．宮ノ台式の成立
　　　報告（1）　　　　　　　　　　　　　　　　　　　鈴木　正博
　　　報告（2）　　　　　　　　　　　　　　　　　　　大島　慎一
　テーマ2．宮ノ台式の地域差と周辺
　　　報告（1）　　　　　　　　　　　　　　　　　　　安藤　広道
　　　報告（2）　　　　　　　　　　　　　　　　　　　小倉　淳一
　テーマ3．後期土器の地域性 ── 久ヶ原式・弥生町式の今日 ──
　　　報告（1）　　　　　　　　　　　　　　　　　　　比田井克仁
　　　報告（2）　　　　　　　　　　　　　　　　　　　黒沢　　浩

第Ⅲ部　シンポジウム討論記録
　第1日　後期について　　　　　　　　　司会：伊丹　　徹
　第2日　中期について　　　　　　　　　司会：石川日出志

―― 推薦します ――

　1970年代から90年代にかけて、それまでの弥生土器の研究に飽き足らない日本各地の若手研究者が、詳細な土器編年や地域色の研究に沈潜していった。南関東地方でも、たとえばそれは弥生後期の久ヶ原式や弥生町式土器編年の矛盾の指摘などとして展開した。本書は南関東地方弥生中・後期土器に対する共同討議の記録集であり、中堅の研究者が10年以上にわたって取り組んできた、実証的な研究の到達点を示すものである。パネラーの中には若手の研究者もいる。世代をついで土器研究の成果が継承され、さらに研究が新たな方向へと向かうための導きの一書といえよう。

駒澤大学文学部助教授　設楽博巳

Archaeological L & Reader Vol. 5

六一書房

考古学リーダー6

縄文研究の新地平
～勝坂から曽利へ～

小林　謙一　監修　　セツルメント研究会　編

2005年12月25日発行　A5判　161頁　本体2,500円＋税

2004年度縄文集落研究の新地平3　シンポジウムの記録

―― 目　　次 ――

例　言
　縄文集落研究の新地平をめざして　　　　　　　　　　　　　　　小林　謙一

討論の記録

補　論
　1　東京東部（武蔵野）地域の様相　　　　　　　　　　　　　　宇佐美哲也
　2　千曲川流域における中葉～後葉移行期の土器群　　　　　　　寺内　隆夫
　3　静岡県における9c期～10a期の様相　　　　　　　　　　　　小崎　　晋
　4　関東西部における竪穴住居形態の変化　　　　　　　　　　　村本　周三

コメント
　1　中信地域における検討事例と課題―地域研究の現場から―　　百瀬　忠幸
　2　竪穴住居設計仕様の視点から　　　　　　　　　　　　　　　長谷川　豊
　3　笹ノ沢(3)遺跡の集落景観　　　　　　　　　　　　　　　　中村　哲也

シンポジウムのまとめと展望　　　　　　　　　　　　　　　　　　小林　謙一

―― 推薦します ――

　縄文集落研究グループに集う研究者たちが、これまで行ってきたシンポジウムは縄文集落研究のうえで特筆される。とくに、そこで提示された「新地平編年」と呼ばれる中期土器型式編年は詳細なものとして知られ、この時期を研究する者にとって不可欠なものとなっている。また、かれらは縄文集落研究のこれまでの枠組みを打ち破る斬新な考え方や方法論をしばしば提示してきた。本書はそうした研究の積み重ねを踏まえて行われたシンポジウムの討議内容を詳細にまとめたものである。本書に示された土器型式編年研究の成果を通じて、縄文集落研究が文字通り、さらなる新地平へと飛躍できることが期待されよう。ぜひ一読を薦めたい。

昭和女子大学人間文化学部教授　山本　暉久

Archaeological L & Reader Vol.6

六一書房

考古学リーダー 7

十三湊遺跡
~国史跡指定記念フォーラム~

前川 要　十三湊フォーラム実行委員会　編
2006年9月15日発行／A5判／292頁／本体3300円＋税

2005年11月20日に行われたシンポジウム「十三湊遺跡／国史跡指定記念　十三湊フォーラム」の記録。3編の特別寄稿と「十三湊遺跡の基準資料と一括資料」を加え、中世の港湾都市『十三湊』の全貌を明らかにする。

―― 目　次 ――

例　言
I　国史跡指定記念十三湊フォーラム
　特別講演　列島における津軽・五所川原の史跡
　　　　　　―十三湊遺跡・五所川原須恵器窯跡―　　　　　　　　　坂井　秀弥
　基調講演　羽賀寺縁起の成立と展開
　　　　　　―奥州十三湊日之本将軍認識の問題を念頭にして―　　　遠藤　巌
　報告1　　国史跡・十三湊遺跡の調査成果について　　　　　　　　榊原　滋髙
　報告2　　福島城跡の調査成果について　　　　　　　　　　　　　鈴木　和子
　報告3　　津軽地方の激動の時代―古代から中世へ―　　　　　　　三浦　圭介
　特別寄稿　最北の五所川原須恵器窯跡　　　　　　　　　　　　　　藤原　弘明
　特別寄稿　安藤氏の足跡を検証する
　　　　　　―十三湊・折曽関の石造物を中心に―　　　　　　　　　佐藤　仁
　特別寄稿　北方史における津軽十三湊
　　　　　　―「中心」「周縁」論から見た試論―　　　　　　　　　前川　要
　十三湊フォーラム・パネルディスカッション
　　「北方史における視点―列島の中の十三湊・津軽五所川原―」
　　　　　　　　　　　　　　　　　　　　　　司会：前川　要　千田　嘉博

II　十三湊遺跡の基準資料と一括資料　　　　　　　　　　　　　　　榊原　滋髙
　十三湊と安藤氏―古代・中世関係略年表

== 推薦します ==

　私が十三湊を初めて訪れたのは、1982年9月下旬、中世東国史研究会合宿の時であった。広大な砂丘一面に月見草が咲き誇り、そのあちこちに黒い珠洲焼きの破片が散乱していた。月丘夢二の歌を口ずさみながら、往事の港町の繁栄を想像しながらそぞろ歩きを楽しんだ。その話を電車の中でしていたら、あんなところ、何がいいのだ、自分はその故郷を捨てた人間で、いまでも冬の海鳴りの悪夢にさいなまれると、見知らぬ乗客の一人が言った。繁栄した港町と落魄した寒村の印象があまりにも対照的であった。
　その後、発掘調査が進み、国指定遺跡となり、繁栄の港町が蘇ってきた。本書は考古・文献の最先端の研究を網羅している。十五世紀の後半に十三湊はなぜ廃絶したのか。本書では、安藤氏の退去以外に、砂洲の形成といった自然環境の変化を考慮すべきだと主張する。私は、それに加えて15世紀後半の荘園公領制のシステム転換、流通構造の変容を考えたい。本書は到達点であるとともに、その出発点になると思う。一読をお勧めしたい。

　　　　　　　　　　　　　　　　　　東京都立大学名誉教授　峰岸　純夫

Archaeological L & Reader Vol. 7

六一書房

考古学リーダー 8

黄泉之国 再見
～西山古墳街道～

広瀬和雄　監修　　栗山雅夫　編

2006年11月5日発行／A5判／185頁／本体2800円＋税

〈文化財を活かした町づくり　その確かな道筋を照らし出す〉
2004年9月、富山県福岡町（現高岡市）で行われた、ふくおか歴史文化フォーラム『黄泉之国　再見～西山古墳街道～』の開催記録。フォーラム、遺跡展示と体験学習を三本柱としたイベントを再現する。

―― 目　次 ――

はじめに
　概説　西山歴史街道へのみち　　　　　　　　　　　　　栗山　雅夫
第Ⅰ部　古墳を知ろう
　対談　『前方後円墳国家』を読む　　　　広瀬　和雄　片山あさの
　特報　キトラ古墳を覗いてみると…　　　　　　　　　　井上　直夫
第Ⅱ部　西山歴史街道をゆく
　報告　西山古墳街道　　　　　　　　　　　　　　　　　西井　龍儀
　討議　遺跡＋整備＝魅力
　　　　　　　　　広瀬　和雄　谷本　亙　栗山　雅夫　片山あさの
第Ⅲ部　古世紀再訪
　展示　考古資料にみる西山古墳街道　　　　　　　　　　栗山　雅夫
第Ⅳ部　たくみのトびら
　体験　勾玉づくり・火起こし・土器復元・拓本・クラフトワーク
　　　　　　　　　　　　　　　　　　　　　　　　　　　栗山　雅夫
第Ⅴ部　フォーラムから見えるもの
　歴史のストックを活かしたまちづくり　　　　　　　　　広瀬　和雄
　文化財写真のデジタル記録と保存　　　　　　　　　　　井上　直夫
　文化財を活かしたまちづくり　　　　　　　　　　　　　谷本　亙

―― 推薦します ――

「黄泉之国」とは、死んだ人間が行く世界。すなわち「死後の国」だ。それを「横穴墓」にみたて、町おこしに活用するイベントが、富山県西部にある小さな町で行われた。町は小さくても「西山丘陵」に遺る「横穴墓」は、全国的にも特筆に値する。それは、群集の密度や副葬品の豊富さだけではない。保存顕彰や研究の長い歴史を持っているからだ。それだけ古くから地元の関心が高かった。また丘陵には豊かな自然も共存している。文化財と自然、それに住民の関心の高さ、この三者が一体になってこそ初めて、遺跡を活用した町おこしは成功する。本書はその確かな道筋を照らし出した、一大イベントの記録である。

富山大学人文学部教授　黒　崎　直

Archaeological L & Reader Vol. 8

六一書房

考古学リーダー9

土器研究の新視点
〜縄文から弥生時代を中心とした土器生産・焼成と食・調理〜

大手前大学史学研究所　編

2007年3月1日発行／A5判／340頁／本体3800円＋税

2005年11月に開催された大手前大学史学研究所オープン・リサーチ・センターシンポジウムの記録集

—— 目　次 ——

I　食・調理
縄文時代から弥生時代開始期における調理方法　　　　　　　　　　中村大介
弥生土鍋の炊飯過程とスス・コゲの産状　　徳澤啓一　河合忍　石田為成
韓国原三国時代の土器にみられる調理方法の検討
　—中島式硬質無文土器を中心に—　　　　　　　　　韓志仙　庄田慎矢訳
同位体分析による土器付着物の内容検討に向けて
　—自然科学の立場から—　　　　　　　　　　　　　　　　　坂本　稔
同位体分析による土器付着物の内容検討に向けて
　—考古学の立場から—　　　　　　　　　　　　　　　　　小林謙一
土器圧痕からみた食と生業　　　　　　　　　　　　　　　　　山崎純男
討論「食・調理」　　　　　　　　　（司会：深澤芳樹・長友朋子）

II　土器焼成と生産
土器焼成失敗品からみた焼成方法と生産体制　　　　　　　　　田崎博之
弥生早期（夜臼式）土器の野焼き方法　　　　　　　　　　　　小林正史
東北地方における覆い型野焼きの受容　　　　　　　　　　　　北野博司
韓国無文土器の焼成技法
　—黒斑の観察と焼成遺構の検討から—　　　　　　　　　　　庄田慎矢
胎土分析から推測する土器焼成技術と焼成温度との関連性
　—弥生土器・韓半島系土器の比較研究—　　　　　　　　　鐘ヶ江賢二
討論「土器焼成と生産」　　　　　　　（司会：若林邦彦・長友朋子）

III　シンポジウムを終えて
調理する容器　　　　　　　　　　　　　　　　　　　　　　　深澤芳樹
弥生土器焼成・生産をめぐる諸議論
　—討論のまとめとして—　　　　　　　　　　　　　　　　若林邦彦
土器に残された痕跡から読み解く縄文、弥生文化　　　　　　　長友朋子

―― 推薦します ――

　1世紀を越える土器の研究は、これまで型式学や層位学を頼っての編年研究、年代研究や交流様相の追求に偏重してきた感がある。本書は旧来の土器研究の動向を根底から打破し、土器製作の根幹とも言える焼成の技術やそれを支えた生産体制の問題と取り組み、さらに徹底した使用痕分析から、調理の場の実態や方法解明の究極に迫ったものであり、多くの実験データや民族誌にも裏打ちされた探求の視野は果てしなく広い。
　本書は、韓国を含めたそれら最新の研究成果が一堂に集められただけでなく、二日間に及ぶシンポジウムの全記録を収め、その議論の到達点を披露し、今後の課題と指針を示している。土器研究はまさに新しいステージに立っている。真の社会復元によりいっそう接近するための必読の書であることを確信する。

芦屋市教育委員会　**森岡秀人**

Archaeological L & Reader Vol. 9

六一書房

考古学リーダー 10

墓制から弥生社会を考える

近畿弥生の会　編

2007年4月5日発行／A5判／288頁／本体3,500円＋税

近畿地方の弥生墓制研究に関する最新の研究成果をもとに行われた研究発表・討論会の記録

――目　次――

I.　研究発表編
　「近畿における方形周溝墓の基本的性格」　　　　　　　　　　藤井　整
　「近畿北部の弥生墓制の展開」　　　　　　　　　　　　　　　肥後弘幸
　「方形周溝墓制の埋葬原理とその変遷――河内地域を中心に――」　大庭重信
　「方形周溝墓の系譜とその社会」　　　　　　　　　　　　　　中村大介

II.　討論会
　第1回テーマ討論会「墓制から弥生社会を考える」討論

III.　論考編
　「北陸地域における弥生墓制ならびに北陸地域から見た近畿における
　　弥生墓制に対する意見」　　　　　　　　　　　　　　　　赤澤徳明
　「伊勢湾岸地方と近畿地方の弥生時代墓制」　　　　　　　　宮腰健司
　「大和地域における墓制および墓制研究の実態と課題」　　　豆谷和之
　「紀伊における弥生時代の墓制およびその研究の実態
　　――近畿弥生の会テーマ討論会「墓制から弥生社会を考える」で、思うこと――」
　　　　　　　　　　　　　　　　　　　　　　　　　　　　土井孝之
　「西摂地域における弥生時代墓制および弥生墓制の実態と課題」　篠宮　正
　「吉野川河谷（阿波地域）における墓制度および墓制の実態と課題」　中村　豊
　「香川における弥生時代前期の墓制――佐古川・窪田遺跡を中心に――」　信里芳紀
　「山陰における弥生墳墓の検討」　　　　　　　　　　　　　中川　寧

IV.　資料編
　第1回テーマ討論会　参加者の希望する討論議題・意見

V.　総括編
　「方形周溝墓と弥生社会研究――近畿地方を中心に――」　　若林邦彦

＝＝＝　推薦します　＝＝＝

本書は、やや沈滞気味かと思える弥生墓制研究の動向の中で、近畿を中心とする各地域の方形周溝墓などを集成し、検討した画期的な本だ。方形周溝墓をはじめとする区画墓には大・中・小があり、区画内の墓壙・木棺にも大・中・小がある。大きな家に住んでいた人たちは大きな墓に入り、小さな家の人たちは小さな墓に入ったのか？　同じ区画内に埋葬された人々は同世代の家族なのか、複数世代の主要人物たちなのか？　など未解決の課題について各墓群の分布状況や区画墓内の墓壙の重複状況などから類型化し、討議されている。
　その上で、墓制から弥生社会を復元しようとする大胆な視点は示唆に富んでいるとともに、最新の資料にもとづく研究の到達点を示していて魅力的である。

徳島文理大学文学部教授　奈良県香芝市二上山博物館　館長　石野博信

Archaeological L & Reader Vol.10

六一書房